# छायावाद : सौ साल

प्रो. सूर्यप्रसाद दीक्षित

वाणी प्रकाशन

**वाणी प्रकाशन**

*4695, 21-ए, दरियागंज, नयी दिल्ली 110 002*

फ़ोन : +91 11 23273167 फ़ैक्स : +91 11 23275710

**शाखाएँ**

*अशोक राजपथ, पटना 800 004, बिहार*

*कॉफ़ी हाउस कैम्पस, महात्मा गांधी मार्ग, इलाहाबाद 211 001, उत्तर प्रदेश*

*महात्मा गांधी अन्तरराष्ट्रीय हिन्दी विश्वविद्यालय, वर्धा 442 001, महाराष्ट्र*

www.vaniprakashan.in
marketing@vaniprakashan.in
sales@vaniprakashan.in

CHHAYAVAD : SAU SAAL
*by* Prof. Suryaprasad Dixit

ISBN : 978-93-88434-80-5
Criticism



प्रथम संस्करण

मूल्य : ₹ 250



*सिटी प्रेस, दिल्ली-110 095 में मुद्रित*

*वाणी प्रकाशन का लोगो मक़बूल फ़िदा हुसेन की कूची से*

# पूर्वदीप्ति

यह छायावाद का शताब्दी वर्ष है। उसे जनमते, विकसित होते और तिरोहित होते हुए हममें से जिन लोगों ने देखा है, उन्हें पूर्वदीप्ति के सहारे, पीछे मुड़कर पुनः उन विभिन्न मोड़ों को देखना अर्थात् इतिहास का साक्षी बनना अच्छा लगेगा। मुझे विशेष खुशी इस बात की है कि इसके उत्कर्षकाल को प्रत्यक्षतः महसूसने का अवसर मुझे भी मिला है।

मैं 1958 से लगभग एक दशक तक महाप्राण निराला, कविवर पन्त जी और महीयसी महादेवी जी के निकट सम्पर्क में रहा हूँ। 'छायावादी गद्य' पर शोध कार्य करते हुए मुझे इस त्रयी का बराबर कृपा प्रसाद मिलता रहा। डी.लिट्. हेतु मैंने 'छायावाद के व्यावहारिक सौन्दर्यशास्त्र' को अपना प्रतिपाद्य बनाया। विगत साठ वर्षों में छायावाद के विभिन्न पक्षों पर मैंने लगभग डेढ़ दर्जन पुस्तकें और शताधिक निबन्ध लिखे। लगभग पचास वर्षों तक मैंने छायावादी काव्य का अध्यापन विश्वविद्यालयों में किया, और इस प्रकार छायावाद विषयक लगभग सम्पूर्ण साहित्य के अवगाहन का सुअवसर मुझे मिला है। शायद इसीलिए श्री अरुण माहेश्वरी को छायावाद की शताब्दी-यात्रा-कथा के लिए मेरा ध्यान आया। मैं उनके प्रति आभारी हूँ।

इस लघु कृति के माध्यम से मेरा विनम्र प्रयास यही रहा है कि 'छाया' शब्द का ठीक-ठीक अर्थ समझाया जाये; वह अर्थ, जो छायावादी कवियों को विवक्षित था। यह ज्ञातव्य है कि शुद्ध छायावाद केवल कवि चतुष्टय (प्रसाद, निराला, पन्त, महादेवी) में ही प्राप्य है, वह भी आद्यन्त नहीं। प्रवृत्तियों के आलोक में उसको चयनित

करना होगा। ये लक्षण काव्य के अतिरिक्त यत्रतत्र गद्य में भी प्रकट हुए हैं। कवित्व और दर्शन-चिन्तन की दृष्टि से यह काव्य हिन्दी की बहुमूल्य निधि है। इसे हृदयंगम करने में एक शताब्दी भी कम पड़ रही है। बड़े-बड़े आचार्य भी इसे समझने में चूक गये हैं। यह समस्त चिन्तन क्रम यहाँ भरसक प्रस्तुत किया गया है। आशा है, छायावादी कविता की सही परख में यह कृति सहायक सिद्ध होगी। मैं इस सूझ के लिए वाणी प्रकाशन को साधुवाद देता हूँ।

साभिवादन

लखनऊ

14 सितम्बर, 2018

**प्रो. सूर्यप्रसाद दीक्षित**

'साहित्यिकी', डी. 54, निराला नगर

लखनऊ-226020

# अनुक्रम

# छायावाद : सही पहचान

'छायावाद' शब्द की व्याख्या करते हुए प्रसाद जी ने सर्वप्रथम उसे 'स्वानुभूतिमयी विवृत्ति' कहा था। उन्होंने 'छाया' शब्द पर गम्भीर विचार-विमर्श किया था। यह स्मरणीय है कि प्रसाद जी ने 'छाया' शब्द का बहुशः प्रयोग किया है। सर्वप्रथम उन्होंने 'छाया' नाम की एक कहानी लिखी और उसी नाम से अपना प्रथम कहानी संकलन सन् 1912 में प्रस्तुत किया। अपने जीवन के अन्तिम चरण में 'प्रलय की छाया' (1935) नामक एक लम्बी कविता लिखी। इसी बीच 1938 (जीवन के अन्तिम वर्ष) में उन्होंने छायावाद पर एक लेख लिखा जिसमें उन्होंने ध्वन्यालोककार आचार्य आनन्दवर्द्धन और वक्रोक्तिकार आचार्य कुन्तक द्वारा प्रयुक्त 'छाया' शब्द की गम्भीर विवेचना की। उनके अनुसार छाया का तात्पर्य है—मोती की भीतर वाली कान्ति, जो बरबस बाहर की ओर फूट-फूट पड़ती है। उसे 'तरलच्छाया' कहा है। उसे ही भीतरी आब, आन्तरकान्ति और मुक्ताफल जैसी आभा (मुक्ताभास) कहा है। उनके अनुसार भाषा के माध्यम से भावों की कान्ति झलकने लगती है, उसे 'छाया' कहते हैं। इसी को 'छाया वृत्ति' कहा गया है, अर्थात् वह मनोवृत्ति, जो छाया की सृष्टि करती है। यह रचनाकार की एक विशिष्ट प्रवृत्ति होती है, जिसे एक विशेष प्रकार का मनःसंस्थान या मनःसंस्कार कहा जा सकता है। यह रचनाकार का एक स्थायी भाव होता है। प्रसाद जी ने इसे केवल युग प्रवृत्ति या युगीन आन्दोलन न मान करके, रचनाकार की शाश्वत-सनातन अभिवृत्ति कहा है, जो काव्यवृत्ति और सौन्दर्यवृत्ति की पर्याय और पूरक है। पन्त जी ने इसे 'छाया दर्शन' नाम दिया है। प्रसाद जी ने इस वृत्ति को 'उपचार वक्रता' के रूप

में व्याख्यायित किया है, जिसका अर्थ है, स्थूल साम्य के स्थान पर सूक्ष्म साम्य का विधान। इसको संक्षिप्त करते हुए नगेन्द्र जी ने इसे स्थूल के प्रति सूक्ष्म का विद्रोह कह दिया है। यहाँ 'विद्रोह' शब्द के आ जाने से प्रसाद जी का मूल मन्तव्य कुछ बाधित हो गया है। उन्होंने 'काव्य और कला तथा अन्य निबन्ध' नामक पुस्तक में संकलित 'यथार्थवाद और छायावाद' नामक निबन्ध में लिखा है कि छायावाद आभ्यन्तर सूक्ष्म भाव है। इसका स्थूल से विद्रोह नहीं होता। वह स्थूल शब्दों में भावों की नयी भंगिमा और अनुभूतियों की सूक्ष्म व्यंजना भर देता है, जिसके कारण छायावादी रचनाएँ आन्तरिक स्पर्श से पुलकित हो सकती हैं। प्रसाद जी इस छायावादी काव्यान्दोलन को एक आन्तरिक आवश्यकता मानते थे। वे स्पष्ट कहते हैं कि सूक्ष्म आभ्यन्तर भावों को व्यक्त करने में पुरानी प्रचलित पद-योजना सर्वथा सफल नहीं होती। उसके लिए नये वाक्य विन्यास युक्त नवीन शैली का सन्धान किया जाता है। इस नये शब्द विन्यास से नयी अभिव्यक्ति का ऐसा पानी चढ़ जाता है कि शब्द और अर्थ में एक नयी वक्रता या चमक भर जाती है। इसे प्रसाद जी ने कुन्तक के शब्दों में 'विच्छिन्ति' या छाया कहा है। उनके शब्दों में ''शब्द और अर्थ की यह स्वाभाविक वक्रता, विच्छिन्ति, छाया और कान्ति का सृजन करती है। कवि की वाणी से झलकती हुई यह प्रतीयमान छाया युवती के लज्जाभूषण की तरह होती है। इससे ऊपरी नहीं, आन्तरिक उक्ति वैचित्र्य प्रकट होता है।'' इस छाया के लिए प्रसाद जी ने तीन उपमाएँ दी हैं–

1. मोती की तरह कान्ति या भीतरी आब।
2. उसके ऊपर चढ़ा हुआ पानी।
3. पारदर्शी झिलमिल ज्योति।

प्रसाद जी ने उस कविता को छायावादी माना है, जिसमें शब्दार्थ निरायास या प्रगल्भतापूर्वक नहीं प्रकट होता, क्योंकि उस पर अर्थ का अवगुण्ठन रहता है। वह पूर्ण वाचक अर्थ न देकर केवल प्रतीयमान अर्थ सुझाता है। प्रसाद जी ने इसे वेदना पर आधारित स्वानुभूतिमयी अभिव्यक्ति कहा है, जिसमें विक्षिप्ति और वक्रता भरी रहती है। अर्थग्रहण की इस प्रक्रिया में उन्होंने सुझाव दिया है कि हम बारीकी के साथ कविता के आन्तर अर्थ-वैचित्र्य, आन्तर

सादृश्य, अनुभूतिमय आत्मस्पर्श, सूक्ष्म आन्तर भाव, अनुभूति और अभिव्यक्ति की भंगिमा, काव्य ध्वनि और उसकी गूढ़ता, उसकी लाक्षणिकता और उसके सौन्दर्यमय प्रतीक विधान को समझें। उनके अनुसार छायावाद में अभिधा का अभाव होता है। वह मुख्यतः लक्षणा-व्यंजना की कविता है। इस सन्दर्भ में प्रसाद जी ने आचार्य आनन्दवर्द्धन को उद्धृत किया है। काव्य सौन्दर्य की व्याख्या करते हुए आनन्दवर्द्धन कहते हैं–

*"प्रतीयमाच्छयैषा भूषालज्जैव योषिता।*
*परां दुर्लभां छायाम्आत्मरूपतां यांति।।"*

अर्थात् जैसे लाजवन्ती स्त्री के मुखमण्डल पर लज्जा की कान्ति प्रतिभासित होती है, उसी प्रकार अच्छी कविता की पद-योजना एक विशेष प्रकार के छायालोक में जगमगाती हुई दिखती है। इसे ही रस ध्वनि कहा गया है।

आचार्य कुन्तक ने इसे छायातिशयरमणीयता की विवेचना करते हुए इसे 'रम्य छायान्तर स्पर्शी वक्रता' घोषित किया है।

अपने प्रसिद्ध ग्रन्थ 'वक्रोक्तिजीवितम्' में सौन्दर्य की परिभाषा करते हुए वे लिखते हैं–

*"मुक्ताफलेषु छायायाः तरलत्वमिवांतरा।*
*प्रतिभाति यदंगेषु तल्लावण्यमिहोच्चते।।"*

अर्थात् मोती के ऊपर भीतरी आब, जो झिलमिल आभा की तरह दिखाई देती है, जब वह अंग-प्रत्यंग में भर जाती है, तो उसे लावण्य कहते हैं।

जब इस शैली को कोई रचनाकार आत्मसात कर लेता है, तो उसे छायावृत्ति कहा जाता है।

प्रसाद जी ने इन दोनों आचार्यों के आधार पर छायावाद की बारीक विवेचना की, किन्तु दुर्भाग्यवश समीक्षकों की मेधा में यह बात नहीं उतरी। वे इसे पश्चिम का रोमैण्टिक आन्दोलन मानते रहे, ईसाई 'फैण्टसमाटा' कहते रहे और यह अर्थ निकालते रहे कि जिसमें शब्द और अर्थ का सामंजस्य न हो यानी जिसका मनमाना अर्थ निकाला जा सके वह छायावाद है। वस्तुस्थिति यह है कि उपनिषदों से आया हुआ यह छायादर्शन जबलपुर की 'श्री शारदा' पत्रिका 1920 में छायावाद पर पहला लेख लिखने वाले मुकुटधर

पाण्डेय के वश का नहीं था। वह द्विवेदीयुगीन सपाटबयानी का युग था। छायावादी भाषा उन्हें 'मायामयी' और 'उड़ती हुई' जान पड़ी।

उन्होंने हँसी में यह अर्थ निकाला कि शब्द का जहाँ मनचाहा अर्थ निकले, वहाँ छायावाद है। कविता का गूढ़ार्थ-उद्‌घाटन, उसका भाव संगोपन और वाक् वैचित्र्य का विश्लेषण उनके वश का न था।

विडम्बना यह है कि सपाटबयानी की अभ्यस्त पुरानी पत्रकार-पीढ़ी, उस नयी शैली से असहमत हो गयी। लोग इस पर 'छायावाद', 'मायावाद', 'कायावाद' जैसे आरोप लगाने लगे। इस बीच जो 'असफल कवि आलोचक' हो गये थे, जिन पर पश्चिमी चिन्तन हावी हो गया था, उन्होंने छायावाद को 'विदेशी नकल' घोषित कर दिया।

शुक्ल जी ने लिखा—इस शैली की रचनाएँ ब्रह्म समाज के मध्य बंगालियों में चलती रही हैं। उन्हें लगा, छायावाद मूलतः रहस्यवाद है और कुछ-कुछ स्वच्छन्दतावाद भी है, अर्थात् हिन्दी की मौलिक काव्यधारा तो कदापि नहीं है। स्वतन्त्रता आन्दोलन के उस दौर में भला कोई विदेशी विचारधारा कैसे ग्राह्य होती। फलतः अनेकानेक कवि, समीक्षक छायावाद के विरोधी हो गये। केवल सैद्धान्तिक विरोधी नहीं। वाराणसी में तो छायावाद विरोधिनी संस्था की स्थापना की गयी। 'छायावाद' नामक पत्रिका निकाली गयी। उसमें छायावाद की पैरोडियाँ लिखी गयीं।

छायावाद के कवियों की ललकारते-धिक्कारते हुए कई पुस्तकें निकाली गयीं जैसे—'ठहर तो नानी'।

आचार्य हज़ारी प्रसाद द्विवेदी ने कालान्तर में यह संशोधन लगाया कि छायावाद नामक अथवा उससे मिलती-जुलती कोई प्रवृत्ति बंगाल में नहीं चली है। फिर भी उस पर लगा 'विदेशी नकल' का आरोप बरकरार रहा। इसी अवधि में अंग्रेज़ी रोमैण्टिक कवि गोल्ड स्मिथ के काव्य-ग्रन्थों के अनुवाद श्रीधर पाठक ने 'ऊजड़ गाँव', 'श्रान्त पथिक', 'एकान्त कुटीर' नाम से किये। साथ ही रामनरेश त्रिपाठी ने तीन काव्य कृतियाँ प्रकाशित कीं—'स्वप्न', 'पथिक', 'मिलन', जिन्हें देखकर यह स्पष्ट हो गया कि तथाकथित स्वच्छन्दतावाद और छायावाद में बड़ा अन्तर है, किन्तु एक बार जो प्रचारित कर दिया गया, वह मत निरस्त नहीं हुआ। धीरे-धीरे यह रिवाज-सा हो गया

कि जिस कविता में आवेग प्रधान हो, उसे छायावादी कविता; जिसमें विरह प्रधान हो, उसे छायावादी अवसाद; जिसमें निवृत्ति का भाव हो, उसे छायावादी पलायन या नियतिवाद और जो कविता गूढ़-गम्भीर हो, उसे छायावादी प्रलाप का नाम आँख बन्द कर दिया जाने लगा।

छायावाद की परख-पहचान में जो प्रमाद आचार्य शुक्ल ने बरता, उसका प्रभाव आज तक विद्यमान है। लोगों ने उसका तरह-तरह से निर्वचन किया है, जहाँ मानवीय या प्रकृति-प्रेम का वर्णन दिखा, जहाँ करुणा का स्वर फूटा, जहाँ रहस्य-दर्शन उभरा, जहाँ मुक्ति या निवृत्ति की कामना व्यक्त हुई उस सबको छायावाद मान लिया गया। पन्त जी ने इसे अरविन्द दर्शन से जोड़ दिया। महादेवी ने इसको बौद्ध करुणा में ढाल दिया और निराला ने इसे उपनिषदों तक पहुँचा दिया। छायावादी भाव और भाषा का परिचय देते हुए उन्होंने लिखा–

*"अलंकार लेसरहित श्लेषहीन,*
*शून्य विशेषणों से। नभो नीलिमा सी व्यक्त*
*भाषा सुरक्षित वह वेदों में आज भी।"*

उनके अनुसार रीतिकालीन पच्चीकारी से मुक्त निरलंकार भाषा और आकाश जैसी गूढ़-गहन भावधारा ही छायावाद है। पन्त जी ने छायावाद युग को 'सौन्दर्य युग' माना और यह कहा कि सौन्दर्य बोध ही उस युग की सबसे मौलिक देन है।

उन्होंने 'स्वस्ति जीवन के छायाकाल' कहकर उसका स्वागत किया, किन्तु कालान्तर में इसे 'छायादर्पण', 'छायाभा' कहते हुए इसे वायवीय तत्त्व निर्मित, कल्पना विरचित, स्वप्न ग्रथित भावना के पंखों पर आरूढ़ स्वप्न धरा सेतु और रत्नच्छायामय सौन्दर्य कहकर स्वयं स्वप्नजीवी या छायाजीवी कलाकार हो गये। इसमें कोई सन्देह नहीं कि सर्वाधिक सूक्ष्म संवेदना छायावाद की, पन्त के काव्य में दिखाई देती है, किन्तु छायांकन की इतनी बारीकी व्यावहारिक नहीं थी। स्वयं पन्त जी ने भी महसूस किया–

*"ढलता जाता कवि का काव्योन्मेष,*
*कला का छायांकन भी।"*

उनकी इन्द्रधनुषी रत्नछायाएँ बहुत दिनों तक सौन्दर्य प्रेरित कलाबोध के दीपमान पर भावप्रकाश बिखेरती रहीं और अन्ततः

अरविन्द दर्शन से जुड़कर, चेतना की मूल ऊर्ध्वशिखा बन गयीं। फिर उन्हें लगा, इस कविता के पास नये युग के उपयुक्त पोषक सामग्री नहीं है। 'आधुनिक कवि' की भूमिका में उन्होंने छायावाद को मृत घोषित कर दिया। स्वयं प्रगतिवादी-प्रयोगवादी खेमे में सम्मिलित होने का प्रयास किया, किन्तु सबसे हताश होकर फिर अरविन्द दर्शन को आत्मसात कर लिया।

नयी कविता के दौर में उन्होंने छायावाद पर पुनर्विचार किया और इलाहाबाद विश्वविद्यालय में छायावाद पर कई व्याख्यान देते हुए 'छायावाद : एक पुनर्मूल्यांकन' नामक एक ग्रन्थ प्रकाशित किया। इसमें छायावाद का बृहत् चतुष्टय (प्रसाद, पन्त, निराला, महादेवी) का मूल्यांकन करते हुए नयी धारा के दर्जनों कवियों की नाम-गणना उन्होंने करायी, यह सिद्ध करते हुए कि छायावाद अभी तक जीवित है और वे उस धारा के वरिष्ठतम कवि हैं।

निष्कर्ष यह है कि छायावाद से स्वयं दिग्भ्रमित होने और पाठकों को दिग्भ्रमित करने में पन्त जी की बड़ी महत्त्वपूर्ण भूमिका रही है। अरविन्द दर्शन के नाम पर उन्होंने बीसों काव्यकृतियाँ रचीं, जिसमें लोकायतन, सत्यकाम जैसे महाकाव्य भी हैं। इस परवर्ती काव्य में उन्होंने अन्तःसौन्दर्य, अन्तश्चेतना, स्वप्निल कल्पना, प्राणोज्ज्वलता, चिदाकाश आदि ऐसी प्रोक्तियाँ भर दीं कि छायावादी कविता विवादों से घिर गयी। छायावाद से जुड़े हुए कवियों को आसानी से नज़रअन्दाज़ नहीं किया जा सकता। डॉ. रामकुमार वर्मा छायावादोचित रहस्य-साधना से काफ़ी प्रेरित, प्रभावित थे।

उन्होंने यह परिभाषा बनायी कि जब प्रकृति की छाया कवि मन पर पड़ती है तो उसे छायावादी कविता कहा जाता है। उनकी देखादेखी लोगों ने माखनलाल चतुर्वेदी, बालकृष्ण शर्मा 'नवीन', मोहनलाल महतो 'वियोगी', इलाचन्द्र जोशी, डॉ. नगेन्द्र, उदयशंकर भट्ट, जानकी बल्लभ शास्त्री, चन्द्रप्रकाश सिंह, चन्द्रकुँवर बड़थ्वाल, आरसी प्रसाद, लक्ष्मीनारायण मिश्र, सुमित्रा कुमारी सिन्हा, विद्यावती कोकिल, चन्द्रमुखी ओझा 'सुधा', रामेश्वरी देवी 'चकोरी' यहाँ तक कि 'रसवन्ती' वाले दिनकर और 'सतरंगिनी' वाले बच्चन को भी छायावाद में शामिल करने का प्रयास किया। इस बीच निराला जी प्रगतिवाद, प्रयोगवाद, नवगीत आदि धाराओं से जुड़ते गये। महादेवी

जी उस बीच काव्य-रचना से विरत हो गयी थीं, और छायावृत्ति का चिन्तन उनकी दृष्टि से लगभग ओझल हो गया था। आधुनिकता बोध का आग्रह इतना प्रबल हो गया था कि छायावाद को मात्र व्यक्तिवादी, पलायनवादी, भाग्यवादी एवं कल्पनाजीवी काव्य मान लिया गया और यह घोषित कर दिया गया कि आधुनिकता बोध में सबसे बाधक है छायावाद। निश्चय ही सौ वर्षों का यह उतार-चढ़ाव अत्यन्त आश्चर्यजनक है।

# पत्र-पत्रिकाओं में प्रकाशित वाद-विवाद

छायावाद युगीन पत्र-पत्रिकाएँ विभिन्न प्रकार के विवादों से आक्रान्त दिखाई देती हैं। लाला भगवानदीन ने 'वीणा' 1927 के अंक में इसे पाखण्डवाद की संज्ञा दी। उनका तर्क था कि हिन्दू मत स्वतः प्रकाशवादी है, छायावादी नहीं। उन्हें छाया और रहस्य से जुड़ी ये कविताएँ 'छोटे मुँह बड़ी बात' जैसी लगीं। लाला जी ने खीझ-खीझ करके अन्य तीन नामों से इसे पुकारा। इसे कभी कहा—'रावणवाद', कभी 'उच्छृंखलतावाद', कभी 'छोकरावाद'। भुवनेश्वर मिश्र 'माधव' मध्यकाल के अधिकारी विद्वान थे। उन्होंने सिद्ध किया कि छाया और रहस्य का कोई सिद्धान्त नहीं होता। ये केवल मनोभाव हैं। इन कवियों में ये मनोभाव एक व्याधि या झमेला बनकर रह गये हैं। हिन्दी साहित्य सम्मेलन के मुजफ्फरपुर अधिवेशन में उसके सभापति आचार्य पद्मसिंह शर्मा ने अपने अध्यक्षीय भाषण में (जो 'वीणा', 1924 में प्रकाशित है) छायावाद की धज्जियाँ उड़ा दीं। 'वीणा' जून 1928 के एक अंक में बाबू गुलाबराय ने छायावाद के चार कोशगत अर्थ बताये—1. अस्पष्ट, 2. खोखला, 3. असत्य, 4. नकल।

कबीर की यह साखी उद्धृत करते हुए उन्होंने सिद्ध किया—

*"जो दीखे सो है नहीं, है सो कहा न जाय।"*

'वीणा' के 1941 के ही एक अंक में 'हिन्दी कविता में छायावाद' नाम से हज़ारी प्रसाद द्विवेदी का एक निबन्ध प्रकाशित हुआ। इसमें उन्होंने प्रसाद, पन्त, निराला की जगह मैथिलीशरण, सियारामशरण, माखनलाल चतुर्वेदी को छायावादी सिद्ध किया। 'वीणा' के सितम्बर, 1927 के एक अंक में अवध उपाध्याय का 'छायावाद' पर एक लम्बा लेख छपा, जिसमें उन्होंने 'सुकवि क़िंकर' का जमकर विरोध

किया। उनके समर्थन में कृष्ण देव प्रसाद गौड़ (बेढब बनारसी) भी मुखर हुए। उन दिनों पन्त जी का 'पल्लव' तहलका मचाये हुए था। इन कवियों के कवित्व से तो लोग अभिभूत हो रहे थे पर इनकी रहस्यवादी चेतना से क्षुब्ध थे। 'सरस्वती' के मार्च 1937 के अंक में श्रीमन्नारायण ने 'रहस्यवाद का निर्वासन' नामक लेख लिखकर कुछ ऐसी ही प्रतिक्रिया प्रकट की। उसी क्रम में 'विशाल भारत' के अगस्त 1946 के अंक में रहस्यवाद की जमकर खिल्ली उड़ायी गयी। इस बीच सबसे ध्वंसक लेख 'सुकवि' में छपा, श्री रसिकेश द्वारा लिखा हुआ—'हिन्दी कविता में छायावाद।' यह विवाद न्यायालय की चौखट तक पहुँच गया। अन्त में एक पंचाट बनाकर किसी तरह उसका निराकरण किया गया। उन दिनों की अधिकतर पत्रिकाएँ छायावाद विरोधी थीं। इनमें विशेष उल्लेखनीय है, 'साहित्य सन्देश'। उसने छायावाद पर कई लेख छापे, जिनमें विशेषतः स्मरणीय है, जैनेन्द्र द्वारा नवम्बर 1932 में प्रकाशित 'छायावाद-फैशन' नामक लेख। ठाकुर श्रीनाथ सिंह हिन्दी साहित्य सम्मेलन पत्रिका के प्रायः हर अंक में छायावाद-विरोधी उद्‌गार व्यक्त कर रहे थे। कुछ ऐसी ही स्थिति 'मनोरमा' नामक पत्रिका की थी। कुछ कवि तो कविताएँ लिख-लिखकर छायावाद की खिल्ली उड़ा रहे थे। रसराज नागर ने 'छायावाद' नामक पत्रिका के 1940 के अंक में इसे दो नाम दिये। 1. लंठवाद, 2. पशुवाद। इस क्षेत्र में सबसे ज़्यादा सक्रिय थे, हास्य रसावतार श्री जगन्नाथ प्रसाद चतुर्वेदी। हिन्दी साहित्य सम्मेलन लाहौर के अधिवेशन के सभापति के रूप में उन्होंने एक लम्बा पद्यात्मक वक्तव्य दिया था—

*"छाया-माया वाद के वादी विविध प्रकार।"*

यह अभिभाषण 'वीणा' के अप्रैल 1934 के अंक में प्रकाशित हुआ था। छायावाद के समर्थन में इस बीच एक ही स्वर सुनायी दिया शान्तिप्रिय द्विवेदी का। उन्होंने 'विशाल भारत' में कई टिप्पणियाँ लिखीं। और बर्र के छत्तों में हाथ डाल दिया। 'सरस्वती' सितम्बर 1932 के अंक में राजबहादुर लमगोड़ा और अवध उपाध्याय ने छायावादियों पर क्रूर प्रहार किये। उसी क्रम में पूरी प्रगल्भता के साथ मैदान में कूदे पं. रामचन्द्र शुक्ल। 'काव्य में रहस्यवाद'

नामक निबन्ध में उन्होंने इन कवियों को कई विशेषण दिये, जैसे—अन्धकूपता ग्रस्त, अज्ञानी, मूर्ख, काष्ठकौशिक, नकलची, अफ्रीकी जंगली जनजाति आदि। शुक्ल जी ने इस युग प्रवृत्ति को कलावादी या अभिव्यंजना-शैली मात्र माना, कोई बोध-विधा नहीं। उनसे प्रेरित होकर पं. चन्द्रबली पाण्डेय ने छायावाद की कड़ी परीक्षा ली। उन्होंने जनवरी 1933 के 'सरस्वती' के अंक में 'छायावाद के छन्दोदोष' पर पाण्डित्यपूर्ण प्रकाश डाला, जिसका समर्थन वियोगी हरि, नाथूराम शर्मा 'शंकर', गयाप्रसाद शुक्ल 'सनेही', जगदम्बा प्रसाद 'हितैषी', लोचन प्रसाद पाण्डेय आदि अनेक कवि-समीक्षकों ने किया। उसी बीच पल्लव-अनामिका आदि कृतियों में अंकित तथाकथित अश्लील शब्दों की परिचर्चा शुरू हो गयी। रसराज नागर ने इन कृतियों को 'भागीरथी में पनाला' कहकर तिरस्कृत किया। बदरीनाथ भट्ट ने 'सुधा' जुलाई 1928 के एक अंक में यह सिद्ध किया कि यह 'छायावाद बँगला प्रेम का भयानक परिणाम' है। पं. पदुमलाल पुन्नालाल बख्शी ने अन्त में प्रबोध देते हुए उस विवाद को इस प्रकार समेटा—"यारो अब मान जाओ, बहुत हुआ, तौबा करो। अपने को बख्शो, बख्शो मातृभाषा को।" निष्कर्ष यह है कि 1918 से 1950 तक यह विवाद पत्र-पत्रिकाओं में छाया रहा।

प्रगतिवादी आन्दोलन के दौर में छायावाद के मुखर विरोधी हुए थे शिवदान सिंह चौहान। पक्ष में खड़े हुए नन्ददुलारे वाजपेयी। इस बीच 'छायावाद' नामक डॉ. नामवर सिंह की पुस्तक प्रकाशित हुई। उसमें सूक्तियों के सहारे छायावादी काव्य के कुछ तत्त्वों पर रोचक टिप्पणियाँ की गयीं। जैसे—'केवल मैं' में व्यक्तिवाद, 'देवि माँ सहचरि' में नारी भावना, 'पल-पल परिवर्तित' में प्रकृति चित्रण, 'एक कर दे पृथ्वी-आकाश' में रहस्य भावना आदि। 'छाया' शब्द के आलोक में इस प्रवृत्ति की सही व्याख्या नहीं हो पायी। वाजपेयी जी ने 'आधुनिक साहित्य' और 'बीसवीं शताब्दी' में प्रसाद और निराला को स्थापित तो किया, किन्तु इस काव्य का ज़रूरत से ज़्यादा आध्यात्मीकरण कर डाला। इससे नगेन्द्र जी को मौक़ा मिला और उन्होंने उसे फ्रायड और रिचर्ड्स के सहारे दमित काम वासना का विस्फोट सिद्ध कर दिया। डॉ. रामविलास शर्मा निराला

के मोहवश इसके विरोध में नहीं उतरे। यों, मार्क्स के रंग में वे रँगे रहे। उनके समानधर्मा  इसे प्रतिक्रियावादी, कट्टर राष्ट्रवादी, फैण्टेसी, यूटोपियायी आदि नारे देते रहे, जिसकी गूँज मुक्तिबोध की 'कामायनी : एक पुनर्विचार' तक में सुनायी देती है। बीच-बीच में छायावाद के नवजागरण तथा उसकी प्रासंगिकता की भी चर्चा होती रही। पर कुल मिलाकर इसे पाठक समुदाय का जितना समर्थन मिला, उतना समीक्षकों का नहीं।

# विद्वानों के मत-मतान्तर

आधुनिक हिन्दी साहित्य में जितने प्रवृत्तिपरक आन्दोलन चले हैं, उनमें सबसे अधिक विवादास्पद रहा है—छायावाद। अधिकतर विद्वानों ने इसे 1920 के आसपास लक्ष्य किया। यह काव्य प्रवृत्ति हिन्दी काव्य लोक में 1940 तक विशेष रूप से सक्रिय रही। उसके बाद क्रमशः प्रगतिवाद, प्रयोगवाद, नयी कविता आदि प्रवृत्तियाँ आधुनिक काव्यधारा में जुड़ती गयीं। फलतः छायावाद पर होने वाले आक्रमणों का सिलसिला नहीं समाप्त हुआ। इन्हें देखते हुए ऐसा लगता है कि प्रत्येक नयी प्रवृत्ति का प्रथम घोषित शत्रु था छायावाद। हर नयी प्रतिभा को अपने प्रतिस्पर्धी के रूप में दिखाई दिये—प्रसाद, पन्त, निराला, महादेवी। सभी रचनाकारों ने उन्हें अतिक्रान्त करने का संकल्प अथवा मुगालता व्यक्त किया है। पन्त, दिनकर तक ने ''यदि मैं कामायनी लिखता'' कहकर अपनी स्पर्धा व्यक्त की, साथ ही 'लोकायतन', 'उर्वशी' लिखकर अपना दावा भी पेश किया। इस बीच साहित्यिक पत्रकारिता काफ़ी मुखर हो चली थी। छायावादी कवियों की एक-एक कृति की समीक्षा से उस युग की पत्रिकाएँ भरी पड़ी हैं। इसमें कुछ छायावाद के समर्थन में लिखते रहे, अधिकतर विरोध में डटे रहे। इस विरोध की शुरुआत की थी, आचार्य महावीर प्रसाद द्विवेदी ने। उन्होंने दो छद्म नाम धारण किये—1. सुकवि किंकर, 2. सत्कवि दास।

द्विवेदी जी ने छायावाद के विरोध में स्वयं कई लेख 'सरस्वती' में लिखे और दूसरों से भी लिखवाये। एक ओर 'कामायनी' के कई सर्ग और पन्त जी की रचनाएँ उन्होंने 'सरस्वती' में छापीं। निराला को तो वे स्वयं द्वारा खोजा गया अनमोल हीरा कहते ही थे। किन्तु

बाद में उनके 'मुक्त छन्द' से असहमत होकर द्विवेदी जी सम्पूर्ण छायावादी काव्य के विरोधी हो गये। उनके उत्तर में निराला जी ने भी कड़वी शब्दावली का प्रयोग किया। उन्हें 'दुर्वासा' नाम दिया और छायावादी कविता को अभिशप्त शकुन्तला। अपनी कवि मण्डली को उन्होंने लंका की वानर सेना कहा, जो सोते हुए रावण-मेघनाद की नाक में लांगूल डालती रहती है। इस विवाद के कारण दोनों के बीच काफ़ी कटुता भी रही। यों निराला जी हिन्दी जगत में उन्हीं के सहारे आये थे। उन्होंने बंगाल में रहते हुए एकलव्य की तरह आचार्य द्विवेदी की मूर्ति का ध्यान करके हिन्दी सीखी थी। 'मतवाला' के सम्पादन-काल में निराला जी ने 'सरस्वती' पर कई आक्रमण-प्रत्याक्रमण भी किये थे और साथ ही काशी में आयोजित 'द्विवेदी मेला' में अनाहूत सम्मिलित होकर द्विवेदी जी के प्रति अपनी श्रद्धा भी अर्पित की थी।

दूसरे प्रबल विरोधी थे, आचार्य रामचन्द्र शुक्ल। वे छायावाद में निहित रहस्य चेतना से सहमत नहीं थे। वे यह मानते थे कि भारत में रहस्य का कभी कोई वाद नहीं रहा है। यदि कहीं कभी भक्तिकाव्य में उन्होंने रहस्य को स्वीकार भी किया, तो 'वाद' रूप में नहीं। कालान्तर में बहुत दबाव पड़ने पर शुक्ल जी ने भारतीय रहस्यवाद के दो भेद कर डाले। एक साधनात्मक रहस्यवाद—जिससे उन्होंने भक्त कवियों को जोड़ा। दूसरा, भावनात्मक रहस्यवाद जिसके लक्षण उनको मात्र भौतिक स्तर तक सीमित छायावादी कवियों की कथनी में दिखाई दिये। उनकी छायावाद सम्बन्धी समीक्षात्मक टिप्पणियों में छायावाद और रहस्यवाद दोनों पर्यायवाची शब्द जैसे लगते हैं। वे अपने इतिहास ग्रन्थ में तो रहस्यवाद का विरोध करते ही हैं, कविताएँ रच-रचकर भी उस पर प्रहार करते दिखते हैं। लखनऊ से प्रकाशित 'सुधा' नामक मासिक पत्रिका के फ़रवरी 1928 के अंक में शुक्ल जी ने 'पाखण्ड प्रतिरोध' नामक एक लम्बी कविता में ऐसे कई छन्द लिखे, जिसमें निराला और पन्त पर काफ़ी गहरी चोट की गयी है। जैसे—

"काव्य में रहस्य कोई वाद है न ऐसा जिसे लेकर निराला कोई पन्थ ही खड़ा करे।"

एक छन्द में तो वे असंसदीय शब्दों का भी प्रयोग करते हैं।

जैसे–"भाषा है, न भाव है, न भूति भाँपने को आँख, शिक्षा की भिक्षा भी न पायी जिन एक कन।"

वे इन कवियों को ललकारते हुए यहाँ तक कहते हैं कि कविता के बाड़े में ये चौपाये जो घुस आये हैं–"हाँक दो उन्हें न खेती काव्य की चरैं।"

उनकी इस कविता का उत्तर 'सुधा' मार्च 1928 के अंक में 'पाखण्ड परिच्छेद' नाम से हिन्दी कवि 'नरेश' ने दिया था। निराला जी तो सदैव ईंट का जवाब पत्थर से देने को तत्पर रहते थे। उन्होंने 'छद्म' नाम से लिखी उनकी इन कविताओं से क्षुब्ध होकर शुक्ल जी पर एक पैरोडी लिखी–

*"जब से एफ ए. फेल हुआ,*
*हमारे कॉलेज का बचुआ।*
*हिन्दी का लिक्खाड़ बड़ा वह,*
*जब देखो तब अड़ा पड़ा वह,*
*छायावाद-रहस्यवाद के भावों का बटुआ।"*

इस कलह के बावजूद शुक्ल जी के प्रति निराला के मन में गहरी श्रद्धा भी बनी रही। हिन्दी साहित्य सम्मेलन के फ़ैज़ाबाद अधिवेशन में मंच पर राजनेता लोग छाये रहे और आचार्य शुक्ल को नीचे बिठाया गया। इसका निराला ने बड़ा प्रतिवाद किया। दूसरे दिन शुक्ल जी की अध्यक्षता में ही भाषण देना उन्होंने स्वीकार किया। कालान्तर में जब काशी हिन्दू विश्वविद्यालय में उन्हें छायावाद पर बोलने हेतु आमन्त्रित किया गया, तो उन्होंने शुक्ल जी की अनुपस्थिति में किन्तु उन्हीं को लक्ष्य करके कहा कि–वर्तमान समीक्षकों के लिए छायावाद को समझना उतना ही कठिन है, जितना दर्जा आठ के विद्यार्थी के लिए स्नातकोत्तर पाठ्यक्रम को समझना। निराला जी निरन्तर आचार्य शुक्ल की तथाकथित अहंमन्यता और गुरुडम के ख़िलाफ़ रहे किन्तु साथ ही उनकी विद्वत्ता के कायल भी। शुक्ल जी के असामयिक निधन पर शोकाकुल होकर श्रद्धांजलि स्वरूप उन्होंने एक भावभीनी कविता लिखी थी, जिसमें उन्हें 'अमावस के चाँद' की उपमा दी थी।

*"अमा निशा थी समालोचना के अम्बर पर।"*

यह सच है कि शुक्ल जी ने निराला के साथ पूरा न्याय नहीं

किया। अपने 'हिन्दी साहित्य का इतिहास' ग्रन्थ में उन्होंने निराला पर मात्र दो-तीन वाक्य लिखे हैं, जिसमें एक ही अच्छा विशेषण रखा है—"बहुवस्तु स्पर्शिनी प्रतिभा।" प्रसाद जी को भी उन्होंने कम सराहा। कामायनी पर लिखा तो बहुत परन्तु प्रायः खण्डन करते हुए। यद्यपि उन्होंने ही काशी हिन्दू विश्वविद्यालय के पाठ्यक्रम में उनके नाटक एवं काव्य निर्धारित किये थे। वे स्वयं उन्हें पढ़ाते भी रहे हैं। दोनों काशी के जीवन से जुड़े रहे हैं। दोनों समकालीन रहे हैं; पर कहीं कोई फाँस थी, जिसके चलते प्रसाद जी को यथोचित महत्त्व वे नहीं दे पाये। प्रसाद जी भी बराबर निरपेक्ष रहे। यों 'काव्य और कला तथा अन्य निबन्ध' में वे शुक्ल जी के कई सिद्धान्तों का खण्डन करते हुए दिखते हैं। एक विचित्र तथ्य यह कि शुक्ल जी ने पन्त जी पर बहुत विस्तार से और बड़ी उदारता से लिखा है। उनकी कोमलकान्त कल्पनाओं पर और उनकी ललित लवंगी भाषा पर शुक्ल जी मुग्ध दिखाई देते हैं। इसका तात्पर्य यह है कि वे पूरे छायावाद के विरोधी नहीं थे। वे स्वयं रसवादी-भाववादी कवि थे। उन्होंने महादेवी को भी यथेष्ट मान्यता नहीं दी। एक विडम्बना यह भी है कि शुक्ल जी को मैथिलीशरण गुप्त के 'उच्छ्वास' और स्वयं मुकुटधर पाण्डेय के 'कुररी' नामक काव्यों में छायावादी तत्त्व दिखे। इससे सिद्ध होता है कि छायावाद की छायांकन शैली (शैडो आर्ट) पर उन्होंने समुचित विचार नहीं किया। यों, छायावादी काव्य का जो जैसा निर्वचन उन्होंने किया है, वैसा 'न भूतो न भविष्यति' कहा जायेगा।

छायावादी रचनाकारों में सबसे पहले काफ़ी प्रहार प्रसाद जी को झेलने पड़े। इसीलिए कि उन्होंने इस शैली की काव्य रचना की पहल की थी। काव्य क्षेत्र में उनका आविर्भाव ब्रजभाषा कवि के रूप में हुआ था। उन्होंने आरम्भ में 'सुधाधर' नाम से ब्रजभाषा में कई घनाक्षरी छन्द लिखे थे। फिर उन्होंने 'प्रेम-पथिक' नामक काव्यखण्ड ब्रजभाषा में लिखा। ब्रजभाषा में प्रसाद जी ने कई लम्बी आख्यानक रचनाएँ तथा चम्पू काव्य लिखे, जो 'चित्राधार' में संकलित हैं। कालक्रम में उनकी रुचि खड़ीबोली की ओर अग्रसर हुई। उनकी खड़ीबोली की आरम्भिक कविताओं पर, द्विवेदीयुगीन इतिवृत्तात्मकता से मुक्त होने और एक नयी काव्य-सरणि को खोज

निकालने की छटपटाहट दिखाई देती है। इस नये वस्तु-शिल्प से प्रेरित कविताएँ 'महाराणा का महत्त्व', 'कानन कुसुम', 'प्रेम पथिक' (खड़ीबोली संस्करण) और 'करुणालय' में द्रष्टव्य हैं। फिर 'झरना' के स्तर पर पहुँचकर वे काफ़ी कुछ छायावृत्ति से जुड़ जाते हैं और 'आँसू', 'लहर' तथा सर्वाधिक तो 'कामायनी' में वे अपने उत्कर्ष पर पहुँच जाते हैं। 'आँसू' की रचना करते हुए उन्हें अपूर्व श्रेय भी प्राप्त हुआ और असामान्य विरोध भी। अपने संयोग-वियोग का साहसपूर्ण निर्वचन करते हुए उन्होंने द्विवेदीयुगीन अथवा गाँधीवादी लोकशील का उल्लंघन किया था, फलतः उनके ऊपर काशी दालमण्डी से सम्बन्धित इतने आरोप-प्रत्यारोप लगाये गये कि विनोद शंकर व्यास और प्रसाद के परिजनों के बीच मुकदमेबाज़ी तक की स्थिति आ गयी। प्रसाद जी की एक विशेषता यह थी कि वे स्वयं कभी प्रतिवाद नहीं करते थे। अपने सम्बन्ध में निरन्तर मौन रहते थे। बड़े अन्तर्मुख सहिष्णु व्यक्ति थे। केवल घर-परिवार, दुकान और लेखन तक सीमित-मर्यादित। उनका अन्तरंग सम्बन्ध गिने-चुने लोगों से था, जिनमें सर्वोपरि उल्लेखनीय हैं—रायकृष्णदास। उनकी एक पठनीय कृति है, 'प्रसाद की याद'। समकालीन साहित्यकारों में कुछ से उनकी नोंक-झोंक हुई है, जिनमें शुक्ल जी के अतिरिक्त दूसरे उल्लेखनीय व्यक्ति हैं प्रेमचन्द, जिन्होंने प्रसाद को 'गड़े मुर्दे उखाड़ने वाला' कहा था। इसका उत्तर उन्होंने 'कंकाल' लिखकर दिया था। दूसरे महानुभाव थे कृष्णानन्द गुप्त, जो मैथिलीशरण जी के निकट सम्बन्धी थे और जिन्होंने 'प्रसाद के नाटक' नामक पुस्तक में उन पर तरह-तरह के कटु आक्षेप किये थे। कालक्रम में, विशेषतः 'कामायनी' की रचना के पश्चात् प्रसाद जी का व्यक्तित्व इतना महिमामण्डित हो गया कि सारे आरोप स्वतः नष्ट निरस्त हो गये। अपने असामयिक निधन के कारण वे हिन्दी जगत के श्रद्धा-भाजन हो गये। छायावादी कवियों में सभी ने उन्हें अपना अग्रज मान लिया। इस छायावादी चतुष्टय में वे अद्यावधि अग्रगण्य हैं।

हिन्दी जगत में 'असली छायावादी कौन?' यह प्रश्न वर्षों तक छाया रहा। पहले 'वृहत्त्रयी' (प्रसाद-निराला-पन्त) की स्थापना हुई। फिर महादेवी को जोड़कर 'वृहत् चतुष्टय' बना। कालान्तर में माखन लाल चतुर्वेदी और रामकुमार वर्मा को जोड़कर 'वृहत्त्रयी'

तथा 'लघुत्रयी' का विभाजन किया गया। कुछ लेखकों ने महादेवी, रामकुमार वर्मा तथा भगवती चरण वर्मा को जोड़कर 'वर्मात्रयी' नाम चलाया। कुछ पत्रकारों ने इसे 'षड्मुख व्यक्तित्व' नाम दिया। इसी बीच 'उप छायावाद', 'उत्तर छायावाद' तथा 'गौण छायावाद' जैसे नाम उछाले गये और इस धारा में कई नये नाम जोड़े गये; किन्तु अन्ततः स्थायी पहचान बनी वृहत्चतुष्टय की। प्रसाद माधुर्य के, निराला क्रान्ति के, पन्त सुकुमार कल्पना के और महादेवी वेदना की रानी के रूप में स्थिर हो गयीं। इन पर सैकड़ों समीक्षाग्रन्थ, शोधप्रबन्ध तथा विशेषांक निकले, सहस्राधिक गोष्ठियाँ, जयन्तियाँ हुईं और हो रही हैं। देवराज जी ने पहले 'छायावाद का पतन' लिखा, फिर विवश होकर 'छायावाद-उत्थान-पतन' कहकर उसे संशोधित किया यानी प्रायश्चित्त किया। प्रायः सबने माना कि यह आधुनिक युग की सर्वोच्च सर्वश्रेष्ठ प्रवृत्ति है। इसमें सर्वाधिक प्रासंगिक सिद्ध हुए 'निराला'। वे प्रगतिवाद के प्रवर्तक बने, प्रयोगवाद के पुरोधा रहे। नयी कविता के उन्नायक माने गये और सम्प्रति वे नवगीत के प्रादर्श हैं। एक व्यक्ति परस्पर विरोधी चार प्रवृत्तियों का प्रवर्तक बन जाये, ऐसा नमूना अन्यत्र नहीं दिखेगा। छायावाद लौट-लौटकर आता रहा। दिनकर ने कभी उसकी भाषा पर चोट की थी। फिर उर्वशी में गूढ़ भाषा का समर्थन किया। दूसरी ओर नयी भाषा की पहल की निराला ने, अपनी परवर्ती कृतियों, विशेषतः कुकुरमुत्ता द्वारा, जो आज तक गतिमान है।

निराला जी की स्थिति आरम्भ से ही निराली रही है। बँगला उनकी मातृभाषा थी। घर में वे बैसवारी बोलते थे। खड़ीबोली तो उन्होंने सप्रयास सीखी थी। आरम्भ में वे रवीन्द्रनाथ से बहुत प्रभावित थे, किन्तु बंगालियों की हेकड़ी बहुत अरसे तक वे झेल नहीं पाये। लेखक-जीवन का आरम्भ उन्होंने किया कलकत्ता की 'समन्वय' पत्रिका के सम्पादन के साथ। प्रतिभावान तो वे जन्मना थे। आकृति-प्रकृति दोनों से विलक्षण भी थे, इसलिए बाबू महादेव सेठ ने उन्हें हास्य-व्यंग्यपरक पत्र—'मतवाला' से जोड़ लिया। मतवाला-मण्डल ने उन्हें 'निराला' उपनाम दिया। वहाँ प्रतिभा-प्रदर्शन का उन्हें यथेष्ट अवसर मिला। उन्होंने मुक्त छन्द का आविष्कार किया। 'कृतिवासी रामायण' की स्पर्धा में उन्होंने 'राम की शक्ति

पूजा' तथा 'सरोजस्मृति' जैसी ट्रैजिक कविताएँ लिखकर अक्षय यश अर्जित कर लिया। इस बीच उनकी 'परिमल', 'अनामिका', 'गीतिका', 'तुलसीदास' जैसी अनेक काव्यकृतियाँ प्रकाश में आयीं, जो वाद-विवाद-संवाद से जुड़ी रहीं। सबसे ज़्यादा विवादास्पद रहा उनका मुक्त (अमित्र) छन्द। छान्दसिक परम्परा से जुड़ा हुआ हिन्दी साहित्य समाज अतुकान्त वर्ण वृत्तों से तो राजी हो गया था, पर यह मुक्त छन्द अर्से तक उसके गले नहीं उतरा।

निराला ने 'परिमल' की भूमिका में यह लिखकर भरसक समझाया कि यह छन्द सीधे वेदों से आया है। सहज प्रवाह, आवेग और अभिनय हेतु यह सर्वाधिक अनुकूल है। अपने काव्य पाठ से समय-समय पर सबको उन्होंने सम्मोहित भी किया; किन्तु फिर भी वर्षों तक पुरानी पीढ़ी मुक्त छन्द से सहमत नहीं हुई। कई सम्पादकों ने इसे कंगारू छन्द, केंचुआ छन्द, रबर छन्द जैसे नाम दिये। निराला के मुक्त प्रेम-सौन्दर्य चित्रण को बहुशः अश्लील तथा अनिष्ट घोषित किया गया। 'विशाल भारत' के सम्पादक पण्डित बनारसी दास चतुर्वेदी ने इसे 'घासलेटी' नाम देकर निराला को हिन्दी से 'बायकाट' करने का अभियान चलाया। उनके एक लेख 'वर्तमान धर्म' को 'साहित्यिक सन्निपात' कहा गया। निराला इस बीच एक ओर तो अपनी पत्नी, पुत्री और परिजनों की दुःखद मृत्यु से सन्तप्त थे, दूसरे आर्थिक अभावों से जूझ रहे थे, तीसरी ओर इस साहित्यिक घेरेबन्दी से मर्माहत होकर मनःअसन्तुलन की समस्या से आक्रान्त होते जा रहे थे। छायावादी कवियों में सबसे ट्रैजिक जीवन उन्हीं का रहा। अपनी इस मनःस्थिति में उन्होंने एक-से-एक विभिन्न पात्रों, घटनाओं तथा शिल्पों की पहल की। कहीं आंचलिकता (बैसवारीपन), कहीं लघुमानव, व्यर्थताबोध, कहीं कुकुरमुत्ता जैसी कविताएँ अर्थात् व्यंग्य, विद्रूप रहस्य, दर्शन, क्रान्ति और भाषा-शैली के नये तेवर। कुल मिलाकर सारा व्यक्तित्व एवं कृतित्व ही विलक्षण। अपने दृप्त दर्प के कारण वे कहीं झुके नहीं। बराबर मूर्ति-भंजन करते रहे और एक दिन भग्न मूर्ति से हो गये। और तब उन्हें व्यापक जन-संवेदना मिली। वे कविकर्म के प्रतीक हो गये। किसी ने 'महाप्राण' कहा, किसी ने 'नीलकण्ठ', तो किसी ने 'साहित्य का देवता'। कविता-उपन्यास-कहानी-निबन्ध-जीवनी-बालसाहित्य,

अनुवाद, पत्रकारिता आदि विभिन्न विधाओं में उन्होंने कलम चलायी, कुछ जीविका के लिए, कुछ नवोन्मेष के कारण। वे पूर्णकालिक कलमजीवी बने रहे। सर्वाधिक विरोध उन्हें इसीलिए झेलना पड़ा कि वे स्वयं स्वभावतः युयुत्सु थे। प्रसाद जी ने मौन व्रत ले रखा था। पन्त जी इतने कोमल-कोमल थे और महादेवी जी इतनी करुण-करुण थीं कि उन पर प्रहार करते हुए स्वयं प्रतिपक्षी भी सिहर-सिहर उठते थे। निराला को ललकारते हुए सबको मजा आता था। उनके द्वारा प्रयुक्त एक-एक शब्द को लेकर प्रायः मोर्चाबन्दी शुरू हो जाती थी। यह पूरा दौर हास्य-व्यंग्य, व्यथा-वेदना का एक अद्भुत प्रकरण है। शायद ही कोई ऐसा चर्चित व्यक्ति बचा हो, जिससे निराला की भिड़न्त नहीं हुई हो। गाँधी, नेहरू, टण्डन, सम्पूर्णानन्द, गुलाबराय, रामचन्द्र शुक्ल, लाला भगवान दीन, पद्मसिंह शर्मा, भुवनेश्वर, सुमित्रानन्दन पन्त, श्रीनाथ सिह, बनारसीदास चतुर्वेदी, रमाशंकर अवस्थी, इलाचन्द्र, हेमन्त जोशी, भगवतीचरण वर्मा आदि-आदि। इनकी सम-विषम टिप्पणियों से छायावाद युग पटा पड़ा है। इन सबको संकलित करके हिन्दी-भाषा- साहित्य का एक विराट मौखिक इतिहास निर्मित किया जा सकता है।

इसके ठीक विपरीत था—कवि पन्त का व्यक्तित्व। वे तन, मन, वचन से सर्वथा सम्मोहक थे। हिन्दी जगत उनकी सुकुमार कल्पनाओं पर फिदा था। उनकी जैसी कोमल-कान्त पदावली किसी के पास नहीं थी। 'पल्लव'-'गुंजन' की कविताओं में उन्होंने उपमा, उत्प्रेक्षा यानी कल्पनाओं की जो झड़ी लगायी है, विशेष रूप से जो प्रकृति-चित्रण किया है, वह सम्मोहक सिद्ध हुआ। फलतः वे आचार्य शुक्ल को भी प्रिय लगे और आचार्य महावीर प्रसाद द्विवेदी जी को भी। निराला जी से पहले पन्त का घनिष्ठ सम्बन्ध रहा; बाद में वैमनस्य भी। पल्लव की भूमिका में पन्त ने मुक्त छन्द के प्रवर्तन का यश लेना चाहा था, जो निराला को सह्य न हुआ। उन्होंने 'पन्त और पल्लव' लिखकर उन पर मर्मान्तक प्रहार किया। बहुत दिनों तक हिन्दी जगत विभाजित रहा, किसी प्रकार समझौता हो पाया। ऐसी ही विषम स्थिति उत्पन्न हुई—'वर्तमान धर्म' लेख को लेकर। बनारसीदास चतुर्वेदी ने सुनियोजित रूप से लगभग 50 जाने-माने विद्वानों से यह लिखवा दिया था कि अब निराला को पढ़ना-पढ़ाना

अनिष्टकर होगा। पन्त जी भौतिक रूप से पर्याप्त सुखी और सम्पन्न थे। बहुत दिनों तक वे आकाशवाणी में महानिदेशक रहे। कालाकाँकर के कुँवर दिनेश सिंह ने उन्हें बड़े मान-सम्मान के साथ अपने 'नक्षत्र' में रखा था। उन्होंने दो-दो महाकाव्य रचे। इसके अतिरिक्त खण्डकाव्य, लम्बी कविताएँ, गीत, काव्य नाटक, कहानी, उपन्यास, प्रतीक नाटक (ज्योत्स्ना), संस्मरण, समीक्षा और सम्पादन क्षेत्र में उन्होंने अपनी पहचान बनायी। आजीवन वे 'सुन्दरम्' के कवि रहे। उनका साहित्य परिमाण में भी सर्वाधिक है और स्तर की दृष्टि से भी अत्यन्त उत्कृष्ट। उनकी कृतियों में काफ़ी चर्चा हुई 'ज्योत्स्ना' नाटिका की और 'पल्लव', 'गुंजन', 'रश्मिबन्ध', 'ग्राम्या', 'युगवाणी', 'चिदम्बरा' आदि कृतियों की। वे प्रगतिवाद से भी जुड़े (ग्राम्या, युगवाणी, युगान्त के दौर में) साथ ही प्रयोगवाद की ओर भी बढ़े ('कला और बूढ़ा चाँद' लिखकर), लेकिन साहित्यकारों ने उन्हें उपयुक्त स्थान नहीं दिया, जबकि वे 'परिमल' और प्रगतिशील लेखक संघ के सदस्य भी रहे। उनका छायावादी प्रगीत काव्य वर्षों तक युवा पीढ़ी का कण्ठहार बना रहा जबकि उनका परवर्ती काव्य अरविन्द दर्शन से अतिक्रान्त होने के कारण किसी को सुपाच्य नहीं लगा। प्रयाग की एक खुली सभा में विजय देव नारायण साही ने उनके मुख पर कह दिया था कि मैंने 'लोकायतन' नहीं पढ़ा है और उसे मैं नहीं पढ़ूँगा। दरअसल युवा आक्रोश, कुण्ठा, विक्षोभ, विद्रूप, विद्रोह आदि के उस दौर में पन्त जी की यह आस्था-मंगलाशा पूर्ण वाणी नये रचनाकारों को प्रासंगिक नहीं लगी। पन्त जी को जीवन में ढेरों पुरस्कार मिले। शोध-समीक्षा और पाठ्यक्रमों में वे पहले प्रायः सर्वोपरि रहे। धीरे-धीरे नयी कविता वादियों द्वारा उन्हें हटाया जाने लगा। फिर भी, जैसा कि एक प्रसंग में अज्ञेय जी ने लिखा है कि छायावाद की इस त्रयी में प्रसाद को पढ़ाया जाना चाहिए, निराला को पढ़ा जाना चाहिए और पन्त से सीखा जाना चाहिए। उनकी काव्य भाषा को भले ही कुछ नामचीन समीक्षकों ने 'काव्याभास भाषा' कह दिया हो, किन्तु यह प्रायः सब मानते हैं कि पन्त जैसा शब्द-शिल्पी इस युग में दूसरा नहीं हुआ है। मेरे विनम्र मतानुसार उन जैसा लोकायतन का स्वप्नदर्शी एवं सतत विकासवादी कलाकार भी दुर्लभ है।

इस छायावादी काव्योपवन की मधुर पिकी हैं—महीयसी महादेवी। उन्होंने कम लिखा, पर ख़ूब लिखा। हिन्दी गीतिकाव्य के क्षेत्र में उन्हें सर्वाधिक सफलता प्राप्त हुई। 'रश्मि', 'नीहार', 'सान्ध्यगीत', 'दीपशिखा' (यामा) से उन्हें अपूर्व ख्याति मिली। बौद्ध करुणा, वेदान्त दर्शन, रहस्य-दर्शन, प्रकृति-चित्रण और विरह व्यंजना उनके काव्य में विशेषतः मुखरित हैं, जिससे वे छायावाद की अपेक्षा रहस्यवाद के ज़्यादा निकट दिखाई देती हैं। उनके काव्य का सबसे धनात्मक पक्ष है, बिम्ब-विधान एवं प्रतीक-योजना। वे सफल चित्रकर्त्री थीं, संस्कृत की विदुषी थीं एवं अतिशय संवेदनशील कवयित्री थीं। प्रकृति का नारीकरण करते हुए उन्होंने जो संश्लिष्ट रूपक रचना की है, वह अतुलनीय है। उनका टकसाली गद्य, जो उनके संस्मरणात्मक-रेखाचित्रों में प्रकट हुआ है और जिसे मैं 'छायावादी गद्य' कहता हूँ, बड़ा श्लाघनीय है। रचनाकार के साथ ही वे शिक्षिका, शिक्षाशास्त्री भी थीं। वे पत्रकार, विधायक, प्रशासक (कुलपति) अर्थात् कई क्षेत्रों में सक्रिय थीं। किसी भाषा में उनसे बड़ी लेखक नहीं दिखी थीं। अतः बड़े से बड़े सम्मान उन्हें प्राप्त हुए। कुछ स्फुट परोक्ष चर्चाओं के बावजूद वस्तुतः उनका व्यक्तित्व आद्यन्त सुप्रतिष्ठित रहा है।

छायावाद युग में तीन प्रवृत्तियाँ साथ-साथ प्रकट हुई थीं—रहस्य, स्वच्छन्दता एवं मधु काव्य। यह कालखण्ड 1916 से 1940 तक परिव्याप्त है। इस बीच छायावाद के साथ स्वच्छन्दतावाद (जो प्रथम बार श्रीधर पाठक के काव्य में प्रकट हुआ था) पुनः अवतरित हुआ। दूसरी परिणति हालावाद के रूप में हुई। ये दोनों अल्पकालिक रहे—केवल रामनरेश त्रिपाठी, बच्चन एवं भगवतीचरण वर्मा तक सीमित। टिकाऊ सिद्ध हुआ 'छायावाद'। रहस्यवाद निरन्तर जुड़ा रहा।

इनमें छायावाद आधुनिक हिन्दी कविता की प्रमुख प्रवृत्ति है। इसका आविर्भाव 1918 ई. के लगभग मान्य है। हिन्दी काव्य में इसका जन्म द्विवेदी-स्नेही मण्डल की काव्य प्रवृत्ति की प्रतिक्रिया के रूप में हुआ था। उन्नीसवीं शती के आरम्भिक दशकों में खड़ीबोली कविता काफ़ी लोकप्रिय हुई, किन्तु तब तक खड़ीबोली में यथेष्ट काव्य-लालित्य का प्रवेश नहीं हो पाया था। फलतः कविता में सपाटबयानी भर गयी थी। उस युग में सीधे-सादे ढंग से वर्णन या

विवरण प्रस्तुत कर देना ही कवि कर्म के लिए पर्याप्त माना जाता था। इसके अतिरिक्त वह युग चूँकि समाज सुधार से जुड़ा था, इसलिए तत्कालीन कविता में उपदेशात्मकता आवश्यकता से अधिक भर गयी थी। प्रायः प्रत्येक कवि पौराणिक आख्यानों तथा ऐतिहासिक कथाओं को पद्यबद्ध करने में लगा हुआ था। इससे कविता नीरस तथा उबाऊ हो गयी थी। उस युग की भाषा भी बहुत खुरदरी थी। ब्रजभाषा की कविता अभी तक रीतिकाव्य परम्परा की बँधी-बँधाई परिपाटी में चल रही थी। जन-जीवन की यह चाह थी कि कविता सामयिक महत्त्व की समस्याओं के साथ-साथ चिरन्तन मानवीय मूल्यों को भी चित्रित करे और कविता की भाषा गद्यात्मकता से मुक्त होकर कुछ बारीक व्यंजनाओं को भी उभारे। द्विवेदी मण्डल के कवियों ने खड़ीबोली के शब्दों को तराश करके काव्योपम बना लिया था। अब आवश्यकता थी, उनमें अर्थ की नयी सम्भावनाएँ पैदा करने की। भावों की यह चमक छायावादी कवियों द्वारा आयी। उन्होंने कविता को ऐसी नयी भाव भंगिमा दे दी कि यह कविता अपनी पूर्ववर्ती कविता से विषय एवं शिल्प—दोनों रूपों में पर्याप्त पृथक् हो गयी। इसमें बाह्य अर्थ से भिन्न एक भीतरी सूक्ष्म अर्थच्छवि की छाया प्रतीत होने लगी, इसलिए इस कविता को 'छायावाद' नाम दिया गया, जो देखते-देखते एक विशिष्ट शिल्प के रूप में स्थापित हो गया।

साहित्य और समाज का शाश्वत सम्बन्ध होता है। कविता प्रत्येक सभ्य समाज के लिए प्राणदायिनी औषधि रही है और समाज उसके लिए स्थायी प्रेरणा का स्रोत रहा है। तात्पर्य यह है कि इन दोनों में निरन्तर घनिष्ठ सम्बन्ध रहा है। छायावादी कविता इसका ज्वलन्त उदाहरण है।

# युगीन परिस्थितियाँ

छायावादी कविता अपने युग की अवश्यम्भावी परिणति है। 1857 के बाद भारत में ब्रिटिश शासन पूरी शक्ति के साथ स्थापित हो गया था। उसकी घोषणाओं और आरम्भिक सुधार-योजनाओं का भारतीय जनता ने स्वागत किया, किन्तु शीघ्र ही उसका मोहभंग हो गया। प्रबुद्ध कवियों को यह पूर्वाभास होने लगा था कि इस साम्राज्यवादी उपनिवेश में उनकी अस्मिता अर्थात् भारतीय संस्कृति का अस्तित्व संकट में है। अस्तु, उनका राष्ट्रीय स्वाभिमान स्वतन्त्रता प्राप्ति के लिए छटपटाने लगा, किन्तु अंग्रेज़ों के दमनचक्र और शोषण के कारण उन्हें अभिव्यक्ति का मुक्त अवसर नहीं मिल सका। देश की युवा पीढ़ी रक्तक्रान्ति एवं असहयोग-आन्दोलन की दिशा में भरसक सक्रिय थी। इस दृष्टि से समाज में व्यापक नवजागरण की आवश्यकता थी। जन साधारण में अपने स्वर्णिम अतीत के प्रति आस्था जाग्रत करनी थी। उन्हें एकता के सूत्र में बाँधना था और समकालीन राजनीतिक व्यवस्था से ऊपर उठकर उच्चतर मानवीय मूल्यों की प्रतिष्ठा करनी थी। बंगाल के अकाल से जो मृत्यु की विभीषिका छा गयी थी और जलियाँवाला बाग के सामूहिक हत्याकाण्ड का जो आतंक जन-जीवन में भर गया था, उसे दूर करने के लिए एक आश्वस्ति तथा स्वर्णिम भविष्य की मंगलाशा पैदा करनी थी, अन्यथा हताश जन समुदाय कुण्ठाग्रस्त हो जाता, जिससे समूची जाति के नष्ट-भ्रष्ट हो जाने की आशंका थी।

छायावादी कवियों ने अनुभव किया कि देश की जनता को जीवित और जाग्रत रखने के लिए उसमें मानवीय रागात्मक बोध और सौन्दर्य बोध का सम्मिश्रण करना होगा। इसके लिए उन्होंने प्रकृति

को अपना विषय बनाया और समूची संवेदना के साथ मानुषभाव का सन्देश दिया।

प्रसाद जी ने वर्जनाओं की चिन्ता न करके प्रेम सौन्दर्य का मुक्त चित्रण किया। निराला जी ने मानवीय प्रणय के पीछे राजद्दी त्याग देने वाले एडवर्ड अष्टम की सराहना में कविता लिखी। छायावादी कवियों ने राष्ट्रीय चेतना के साथ ही विश्व दृष्टि का भी परिविस्तार किया और इस प्रकार एक बड़े व्यापक धरातल पर अपने काव्यान्दोलन का मंगलारम्भ किया। इतना विशद आयाम छायावाद के पूर्व या परवर्ती दूसरी किसी काव्य प्रवृत्ति के साथ नहीं दिखाई देता है।

छायावाद के पूर्व द्विवेदी मण्डल की इतिवृत्तात्मक कविता कुछ वर्षों तक तो बहुत लोकप्रिय रही, किन्तु शीघ्र ही उसका प्रभाव मन्द पड़ गया, क्योंकि वह अधिकतर मंचीय थी और सहृदय की संवेदना को ऊपरी स्तर पर छूती थी। उसकी भाषा काफ़ी सरल सुबोध थी। वह गेय और छन्दोबद्ध थी तथा सामयिक सन्दर्भों से जुड़ी हुई थी। द्विवेदी मण्डल के ही समानान्तर रीतिकाव्य के अवशिष्ट के रूप में समस्यापूर्ति कला भी चल रही थी और वह पुरानी पीढ़ी (साहित्यानुरागी जनता) का कलात्मक विनोद कर रही थी। उसमें उद्‌भावना का चमत्कार था, शब्दों का कला कौतुक था, किन्तु जीवन की कोई अन्तर्दृष्टि और चिन्तन की कोई गूढ़ सम्पदा न थी। यह इतिवृत्तात्मक काव्य-परम्परा 1920 तक पहुँचते-पहुँचते निष्प्रभ हो गयी। खड़ीबोली अब तक अपेक्षाकृत अधिक प्रौढ़, परिमार्जित एवं काव्योपम भाषा बन गयी थी। जनमानस संचार के नये साधनों से सम्बद्ध होकर अब अधिक जानकार और जिज्ञासु हो गया था। उसकी सचेतनता के अनुकूल कविता को भी सुविचारित तथा विचारोत्तेजक बनाना था। ज्ञान-विज्ञान की नयी चुनौतियाँ इन कवियों के सामने थीं। ये कवि स्वयं चिन्तन धर्मा थे। अपने स्वाध्याय एवं चिन्तन-मनन के सहारे वे नाना विचार भूमियों से गुजर रहे थे, फलतः वे जीवन-जगत की भावी परिकल्पना में प्रवृत्त हुए। उन्होंने सर्वप्रथम अपने युग को पौराणिकता से मुक्त किया और आधुनिकता का वरण करते हुए नूतन-पुरातन के संकट बिन्दु का सन्धान किया।

चिन्तन और सृजन की समस्त रूढ़ियों से मुक्त होने के कारण

छायावाद ने नयी भाषा, नये छन्द, नये विषय, नये काव्य शिल्प और समीक्षा के रूप में कई नये मानदण्डों का निर्धारण किया। प्रतीक, बिम्ब एवं कल्पना-विधान में तो उनका कोई प्रतिस्पर्धी ही नहीं रहा। विषयवस्तु के रूप में छायावादी कविता ने जन-चेतना से लेकर अतिमानव की लोकोत्तर चेतना तक व्यथा-कथा कही, अथवा उनके सपने सँजोये। इसीलिए स्वच्छन्दतावादी विद्रोह और आध्यात्मिक आस्था, निवृत्ति और प्रवृत्ति, रहस्य एवं दर्शन, लोक करुणा और आनन्द अर्थात् जीवन के समस्त सम-विषम सिद्धान्त छायावादी काव्य में अन्तर्निहित दिखाई देते हैं।

छायावादी काव्य का प्रारम्भ कब हुआ? यह प्रश्न आज भी विवाद का विषय बना हुआ है। स्थूल रूप से यह माना जाता है कि द्विवेदी मण्डल का काव्य सन् 1920 के बाद निष्प्रभाव हो गया था। वस्तुतः आचार्य महावीर प्रसाद द्विवेदी के 'सरस्वती-सम्पादन' की अवधि को ही विभाजन रेखा मानना उपयुक्त होगा। अस्तु, उनके कार्यकाल के अन्तिम चरण में सन् 1918 के आसपास छायावाद का आरम्भ मानना अब लगभग सर्व स्वीकार्य हो गया है। यह उसका शताब्दी वर्ष है।

छायावादी शैली से सुपरिचित एक तत्कालीन कवि श्री मुकुटधर पाण्डेय ने जबलपुर से प्रकाशित 'श्री शारदा' नामक पत्रिका के 1920 के अंकों में 'हिन्दी कविता में छायावाद' नाम से एक लेखमाला आरम्भ की। उसमें उन्होंने न केवल पहली बार 'छायावाद' का नामकरण किया, बल्कि छायावादी कविता के आरम्भिक चरण चिह्नों को अंकित भी किया। उन्होंने लिखा—'छायावादी कविता एक मायामय सूक्ष्म वस्तु है। इसमें शब्द और अर्थ का सामंजस्य बहुत कम रहता है।' किन्तु इस लक्षण-निरूपण को परवर्ती आलोचक तथा इतिहासकार नहीं समझ पाये। शायद इसीलिए आचार्य रामचन्द्र शुक्ल ने यह अनुमान कर लिया कि छायावाद और रहस्यवाद बंगाल के ब्रह्मसमाजियों के छायाभासों और रवीन्द्रनाथ टैगोर की रहस्यानुभूतियों का नव रूपान्तरण है तथा इनकी प्रेरणा भूमि है—यूरोप के ईसाई प्रचारकों का रहस्य-दर्शन अर्थात् फैण्टसमाटा। उन्होंने छायावाद को वाच्यार्थ की जगह लक्षणा, व्यंजना एवं अन्योक्तिपरक शब्द प्रयोगों को प्रश्रय देने वाली मात्र एक शैली घोषित किया। आचार्य शुक्ल

जैसे उद्भट समीक्षक द्वारा न पहचानी गयी इस छायावादी कविता की सही परख-पहचान अर्से तक दबी रही। परिणामस्वरूप छायावाद के प्रवर्तक कवि और छायावादी धारा का सही उल्लेख नहीं हो पाया। किसी समीक्षक को मैथिलीशरण गुप्त प्रथम छायावादी प्रतीत हुए, किसी को सियारामशरण। इसी प्रकार माखन लाल चतुर्वेदी, प्रसाद, पन्त, निराला आदि को अलग-अलग प्रवर्तन का श्रेय दिया जाता रहा। आचार्य हजारी प्रसाद द्विवेदी ने इसे पाश्चात्य प्रभाव प्रेरित वैयक्तिक स्वातन्त्र्य का काव्य कहा तो आचार्य नन्द दुलारे वाजपेयी ने इसे सांस्कृतिक एवं आध्यात्मिक चेतना का नवोन्मेष घोषित किया। डॉ. नगेन्द्र इसे दमित रोमानी स्थूल वृत्ति की सूक्ष्म प्रतिक्रिया मानते रहे तो शिवदान सिंह चौहान इसे पलायनोन्मुखी प्रवृत्ति कहते रहे। विडम्बना यह कि छायावाद के प्रवर्तक महाकवि प्रसाद ने 'काव्य और कला तथा अन्य निबन्ध' नामक कृति में स्वयं छायावाद विषयक एक घोषणापत्र प्रस्तुत किया था, किन्तु उसके मुख्य बिन्दुओं पर प्रायः ध्यान नहीं दिया गया।

छायावाद को परिभाषित करने वाले समीक्षकों ने इसे रहस्यवाद, स्वच्छन्दतावाद, प्रकृतिवाद, वेदनावाद, सर्वात्मवाद, पलायनवाद आदि में इस प्रकार उलझा दिया कि जहाँ कहीं प्रेम-सौन्दर्य का वर्णन, प्रकृति का चित्रण, अवसाद और भावोद्रेक दिखाई पड़ा, उसे छायावादी रोमांस, 'छायावादी भावुकता' तथा 'छायावादी अवसाद' का नाम दे दिया गया। इस भ्रम को बढ़ावा देने का कुछ दायित्व छायावादी कवियों पर भी है। निराला जी ने इसमें दर्शन का सन्निवेश आवश्यकता से अधिक किया। महादेवी जी ने अपनी भूमिकाओं में बौद्ध करुणा तथा रहस्य-वेदान्त का विश्लेषण करके इसका अन्यथा अर्थ इंगित कर दिया। पन्त जी ने सम्भवतः समीक्षकों के आरोपों की प्रतिक्रिया में एक ओर तो छायावाद के अन्त की घोषणा कर दी, इसलिए कि तब वे प्रगतिवाद की ओर उन्मुख थे। कालान्तर में 'छायावाद : पुनर्मूल्यांकन' में उन्होंने छायावाद को पुनः जीवित काव्य प्रकृति घोषित किया और उसमें 'मधु काव्य', प्रगतिवाद, प्रयोगवाद और नयी कविता के प्रतिनिधि कवियों को भी सम्मिलित कर लिया।

यह उल्लेखनीय है कि प्रथम उन्मेष में छायावाद की वृहत्त्रयी में मात्र प्रसाद, निराला तथा पन्त को मान्यता दी गयी थी। इसके पश्चात्

महादेवी जी को सम्मिलित करके 'बृहच्चतुष्टय' की स्थापना हुई। अनन्तर माखनलाल चतुर्वेदी और डॉ. रामकुमार वर्मा को सम्मिलित करके बृहत्त्रयी और लघुत्रयी की चर्चा की गयी। इसी के साथ-साथ उत्तर छायावाद के 'गौण छायावादी' या 'उपछायावादी' कवियों के रूप में मोहनलाल महतो वियोगी, जनार्दन झा द्विज, आरसी प्रसाद सिंह, मुकुटधर पाण्डेय, हरिकृष्ण प्रेमी, इलाचन्द्र जोशी, डॉ. नगेन्द्र, चन्द्र कुँवर बड़थ्वाल, उदय शंकर भट्ट, जानकी बल्लभ शास्त्री, कुँवर चन्द्र प्रकाश सिंह, रामाधार सिंह आदि नामों की तालिकाएँ प्रस्तुत की गयीं। इससे छायावाद का जहाँ अर्थ-विस्तार हुआ, वहीं उसके स्वरूप-निर्धारण में मतिभ्रम भी उत्पन्न हुआ और इससे सही मूल्यांकन बाधित हुआ। यह ज्ञातव्य है कि 'छाया' का यह वाद अथवा उसकी यह छायांकन शैली सबके लिए सहज साध्य नहीं रही है। स्वयं बृहत्वतुष्टय के ये सिद्ध छायावादी कवि भी आद्यन्त छायावादी नहीं रहे। निराला और पन्त का बार-बार रूपान्तरण हुआ। प्रसाद जी के आरम्भिक काव्य में छायावृत्ति का अभाव है। उनके प्रथम गीत संग्रह 'झरना' में पहली पहली बार छायावाद का स्वरूप उद्‌घाटित हुआ है, इसलिए छायावाद का आरम्भ उसके आसपास ही मानना समीचीन होगा। इस आन्दोलन की घोषणा 1920 ई. में हुई और फिर इसे स्वीकार करके छायावादी कवियों तथा समीक्षकों ने इसकी विवेचना की। प्रसाद जी ने आचार्य आनन्दवर्धन के 'ध्वनि सिद्धान्त' और कुन्तक के 'वक्रोक्ति सिद्धान्त' से इसका उद्‌गम घोषित करते हुए इसे स्वानुभूतिमयी विवृत्ति, उपचार वक्रता, वैदग्ध भंगी भणिति, विच्छित्ति आदि का नया रूपान्तरण सिद्ध किया। पन्त जी ने इसे 'रत्नच्छायामय सौन्दर्य' का दर्शन माना और महादेवी जी ने इसके लिए 'छायावृत्ति' अर्थात् एक विशिष्ट 'मनःसंस्थान' या मनोवृत्ति जैसे शब्दों का प्रयोग किया। वस्तुतः इन सूत्रों के सहारे ही छायावाद का सही स्वरूप उभारा जा सकता है।

# छायावाद की अन्तर्वस्तु

छायावाद एक विशिष्ट शिल्प एवं प्रवृत्ति है, इसलिए उसका अपना एक विशिष्ट बोध भी है। छायावादी काव्य की यह अन्तर्वस्तु कुछ तो समसामयिक परिस्थितियों से प्रभावित है और कुछ इन कवियों की अन्तर्दृष्टि से प्रेरित है। यह काव्य मूलतः नवजागरण की उपज रहा है। इसे 'शक्ति काव्य' भी कहा गया है। आधुनिक युग में प्रथम बार छायावाद को ही विराट मानवीय चेतना की भावभूमि पर प्रतिष्ठित होने का श्रेय प्राप्त हुआ है। कुछ लेखकों ने इस काव्य को उद्दाम वैयक्तिकता का विस्फोट माना है, फिर भी यह विचारणीय है कि वैश्विक दृष्टि को आत्मसात करने में छायावाद ने पहल की है। संक्षेप में यह कहा जा सकता है कि विज्ञान के चाकचिक्य में बढ़ती हुई अतिबौद्धिकता और उससे उत्पन्न जीवन विभीषिका से हमें सचेत करते हुए, जनजीवन को एक मंगलमय भविष्य के सुनहरे स्वप्न दिखाकर, उसे कुण्ठित होने से बचाने का स्तुत्य कार्य छायावाद ने किया है। इस काव्यान्दोलन की प्रमुख वैचारिक देन निम्नवत हैं–

## आत्माभिव्यक्ति

छायावाद में व्यष्टि और समष्टि दोनों का यथेष्ट समन्वय दिखाई देता है। इस काव्य ने व्यक्ति स्वातन्त्र्य को प्रेरित किया और फिर विश्वबोध में उसका विलयन भी किया। निराला जी की एक प्रसिद्ध पंक्ति है–'मैंने मैं शैली अपनाई'। इसमें कवि का 'मैं' समूचे युग की पीड़ा को अपनी निधि मानता है। प्रसाद जी के 'आँसू' में भी इसी प्रकार वैयक्तिक विरह को विश्व वेदना के रूप में परिणत किया गया है। कवि की यह कामना है–

*"चुन चुन रे कन कन से जगती की सजग व्यथाएँ।"*

यहाँ व्यक्तित्व का उदात्तीकरण हुआ है। कवि पन्त और निराला का काव्य आत्माभिव्यक्ति की दृष्टि से बहुत महत्त्वपूर्ण है। प्रसाद जी तो 'आत्म' की अभिव्यक्ति की दिशा में मौन रहे हैं। वे स्पष्ट कहते रहे हैं–

*"सुन करके क्या भला करोगे मेरी भोली आत्मकथा?*
*अभी समय भी नहीं, थकी सोयी है–मेरी मौन व्यथा।"*

'आत्म' का यह प्रगल्भ रूप निराला के गीतों में प्रकट हुआ है। कुछ उदाहरण द्रष्टव्य हैं–

*"मैं अकेला, देखता हूँ आ रही मेरे दिवस की सान्ध्य वेला।"*
*"ज्योति निर्झर बह गया है, रेत ज्यों तन रह गया है।"*
*"अभी न होगा मेरा अन्त।"*
*"मेरा अन्तर बज्र कठोर।"*
*"मैं ही बसन्त का अग्रदूत।" आदि।*

पन्त जी ने जहाँ 'स्व' को सम्बोधित किया है, वहाँ उनका 'आत्म' बहुत मुखर है। वे पहले प्रकृति चित्रण करते हैं, फिर उसी में 'आत्मदर्शन' करने लगते हैं। 'एकतारा' में कवि एकाकी नक्षत्र का रूपांकन करते-करते आत्माभिव्यक्ति करने लगता है। 'नौका विहार' कविता का अन्त भी आत्माभिव्यक्ति की समष्टि चेतना के साथ हुआ है–"इस धारा सा ही जग का क्रम।" पन्त जी जगजीवन के उल्लास के कवि हैं–"जगजीवन में उल्लास मुझे, नव आशा नव विश्वास मुझे।" वे स्वयं की समीक्षा करते हुए कहते हैं–"मैं प्रेमी उच्चादर्शों का, संस्कृति के स्वर्गिक स्पर्शों का।" उनकी तो यही कामना रही है–"जीवन की लहर-लहर से हँस खेल खेल रे नाविक। जीवन के अन्तस्तल में नित बूड़-बूड़ रे भाविक।" आत्माभिव्यक्ति का स्वर महादेवी जी के–"मैं नीर भरी दुःख की बदरी या पथ मेरा निर्वाण बन गया" आदि गीतों में व्यक्त हुआ है। तात्पर्य यह है कि छायावादी काव्य में आत्माभिव्यक्ति का यह मौन मुखर स्वर आद्यन्त विद्यमान रहा है।

## रूढ़ियों से मुक्ति का प्रयास

छायावादी काव्य विनत विद्रोह का काव्य है। उसने प्रथम बार पौराणिकता का निषेध किया और यूरोपीय विद्वानों द्वारा थोपे गये इतिहास को नकारकर नया राष्ट्रीय इतिहास निर्मित किया। ये कवि किसी राजनीतिक विचारधारा के अनुगत नहीं रहे। न मार्क्स के, न गाँधी के। इनका अपना चिन्तन रहा है और अपनी अभिव्यक्ति प्रणाली भी। छायावादी कवि निराला ने हर प्रकार की रूढ़ियों पर प्रहार किया और नये विषय, नयी भाषा के साथ नये छन्द (मुक्त छन्द) का प्रवर्त्तन किया। कवि पन्त ने ठीक ही कहा था—''कट गये छन्द के बन्ध, प्रास के रजत पाश।'' निराला जी का जयघोष था—''तोड़ो-तोड़ो कारा। निकले फिर गंगा जल धारा।'' प्रसाद जी के शब्दों में—''पुरातनता का निर्मोक'' प्रकृति को एक पल के लिए भी सह्य नहीं है। इसी ध्येय से पन्त जी ने यह कामना की—'द्रुत झरो जगत के जीर्ण पत्र।' XXX 'गा कोकिल बरसा पावस कण।''

निराला जी के काव्य में नवता के प्रति बड़ा आग्रह है। वे निरन्तर ''नव गति, नव लय, नव ताल, छन्द नव, नवल कण्ठ नव न जलद मन्द्ररव'' के अभिलाषी रहे हैं। उनके गद्य में भी रूढ़ियों से मुक्ति पाने की छटपटाहट दिखायी देती है। छायावाद के इस विद्रोही स्वरूप के प्रति पुरातन पन्थी आलोचकों की प्रतिक्रिया अनुकूल नहीं रही और उन्होंने प्रचलित प्रथाओं के समर्थन में इस काव्यान्दोलन का विरोध किया, किन्तु नयी युगधारा को कब कौन रोक पाया है? छायावाद में मानव तथा प्रकृति प्रेम-सौन्दर्य के जो रंग-बिरंगे चित्र उभरे, वे द्विवेदी मण्डलीय कोरी नैतिकता की दृष्टि से आपत्तिजनक थे। प्रसाद ने 'आँसू' में अपने संयोग-वियोग के मुक्त उद्गार व्यक्त किये। इसी प्रकार पन्त की कविता—'भावी पत्नी के प्रति' और 'ग्रन्थि' में चित्रित दृश्यों से, निराला के शृंगारिक गीतों से और महादेवी की मुखर रहस्यानुभूति से मध्यवर्गीय नैतिक मान्यताओं को आघात लगा। छायावादी काव्य की यह विद्रोही भूमिका इस ऐतिहासिक विकासक्रम में पर्याप्त महत्त्वपूर्ण सिद्ध हुई है।

## प्रकृति प्रेम

छायावादी कविता का प्रकृति से बड़ा घनिष्ठ सम्बन्ध रहा है। प्रकृति इन कवियों के देश प्रेम और व्यक्ति स्वातन्त्र्य की आकांक्षा की पूरक रही है। छायावादी कवियों ने प्रकृति को 'सर्वसुन्दरी' कहा है। पन्त जी के कथनानुसार उन्हें कविता करने की प्रेरणा प्रकृति से मिली। वास्तव में ये चारों कवि निसर्ग कवि रहे हैं। प्रसाद जी ने अपने एक निबन्ध—'प्रकृति सौन्दर्य' में प्रकृति को विलक्षण ईश्वरीय देन कहा है और विश्वात्मा की छाया भी माना है। उनके अनुसार 'यह प्रकृति परम रमणीय, अखिल ऐश्वर्य भरी' (कामायनी) हुई है। यह अनन्त वर्ण रंजित मनोहारिणी छटा है, जो मनुष्य को आत्म चैतन्य की ओर अग्रसर करती है। निराला जी ने भी प्रकृति के अनेक कोमल और रौद्र रूपों को चित्रित किया और बार-बार उसका मानवीकरण (नारीकरण) किया। 'तुलसीदास' नामक काव्य में उन्होंने प्रकृति के माध्यम से चित्त का उदात्तीकरण किया। तात्पर्य यह कि प्रकृति छायावादी कविता की सहचरी रही है। बाह्य प्रकृति के अनेक रूप छायावाद में चित्रित हुए हैं, किन्तु उसमें पर्वतीय पर्यावरण तथा सागर-सरिता और निर्झर के दृश्य अपेक्षाकृत अधिक हैं। प्रसाद जी ने हिमालयी शिखरों को 'शोभनतम' कहा है और उसके विभिन्न रूपों को विभिन्न सन्दर्भों में अंकित किया है। पन्त स्वयमेव 'पर्वतपुत्र' हैं। उन्होंने 'हिमाद्रि', 'अल्मोड़े का पावस', 'गिरि प्रान्तर', 'पूर्वांचल के प्रति' आदि कविताओं में पर्वतीय प्रकृति की बार-बार परिक्रमा की है। उनका जैसा सूक्ष्म या विशद प्रकृति चित्रण समूची हिन्दी कविता में अन्यत्र कहीं नहीं प्राप्त होता है। सागर, सरिता, निर्झर तथा जल प्रवाह की ध्वन्यात्मक व्यंजना निराला जी की कविताओं में बहुत है। 'बादलराग', 'अलि घिर आये घन पावस के' 'प्रपात के प्रति', 'धारा' आदि कविताएँ इस दृष्टि से महत्त्वपूर्ण हैं। ऋतु सौन्दर्य का प्रकृति-चित्रण में विशेष महत्त्व होता है। इन कवियों ने पावस, शरद और बसन्त ऋतु के मनोमुग्धकारी चित्र प्रस्तुत किये हैं। 'कोमल कुसुमों की मधुर रात' (प्रसाद), 'चाँदनी' (पन्त), 'वसन्तरजनी' (महादेवी) आदि कविताएँ छायावाद की गौरव प्रतीक हैं। प्रकृति के विभिन्न काल खण्ड, जैसे—उषाकाल (सूर्योदय) सन्ध्या,

चन्द्र ज्योत्स्नामयी अर्द्धरात्रि आदि के प्रति इन कवियों ने गहरी आसक्ति प्रदर्शित की है। प्रसाद का गीत–'बीती विभावरी जागरी', निराला की कविता–'सन्ध्या सुन्दरी', पन्त की कविताएँ–'सन्ध्या के बाद', 'एक तारा' आदि चिर स्मरणीय हैं। इन कवियों ने प्रकृति को उसकी परिपूर्णता में ग्रहण किया है। उन्होंने सौन्दर्योपासक कलाकार के रूप में प्रकृति की वन्दना की है। इन्हें यों तो प्रकृति के सभी रूप प्रिय हैं, किन्तु करुण कोमल रूप अपेक्षाकृत अधिक रुचिकर लगे हैं। इन्होंने प्रकृति से समात्मभाव स्थापित किया है। इनके विषय-चयन का अपना मनोवैज्ञानिक आधार रहा है। प्रकृति को इन्होंने प्रेम, सौन्दर्य, रहस्य, आनन्द, अध्यात्म, एकान्तप्रियता और स्वच्छन्दता का हेतु माना है। पन्त जी ने तो इसे 'देवि माँ सहचरि प्राण' अर्थात् अपना जीवन सर्वस्व स्वीकार किया है। निष्कर्ष यह है कि यह प्रकृति ही छायावादी काव्य सौन्दर्य की मूलाधार है।

## नारी विषयक दृष्टिकोण

छायावादी काव्य नारी के प्रति सर्वाधिक उदार दिखाई देता है। नारी के प्रति कवियों में न भक्तिकालीन कवियों का तिरस्कार भाव है और न रीतिकाव्य का जैसा कायिक कौतुकी कदाचार है। उन्होंने द्विवेदी मण्डल के परहेजी संस्कार तथा प्रगतिवाद, प्रयोगवाद के यौनाकुल आवेशज्वार से ऊपर उठकर नारी को मानवीय सौन्दर्य की अधिष्ठात्री, मानवीय करुणा की विधात्री अर्थात् जीवन के समस्त शुभ संकल्पों की निर्मात्री घोषित किया है। प्रसाद के मतानुसार–

*नारी तुम केवल श्रद्धा हो, विश्वास रजत नग पग तल में।*
*पीयूष स्रोत सी बहा करो, जीवन के सुन्दर समतल में।।*

कवि ने नारी को दया, माया, ममता, मधुरिमा, अगाध विश्वास आदि शुभ एवं श्रेयस्कर भावों का प्रतीक घोषित किया है। छायावादी कवियों की दृष्टि में नारी विलास की सहचरी न होकर उच्चतम भूमियों तक ले चलने वाली शक्ति है। पुरुष की क्रूरता को मनुष्यता के रूप में परिणत करने का कार्य नारी शक्ति का ही है। वे कहते हैं–

*''शासन करोगी तुम मेरी क्रूरताओं पर,*
*मानस की माधुरी से।''*

निराला जी ने भी नारी के प्रति सदाशयता प्रदर्शित की है। वे

महाशक्ति के उपासक रहे हैं। उनके कथनानुसार जैसे तुलसीदास को रत्नावली से प्रेरणा प्राप्त हुई, उसी प्रकार स्वयं उन्हें मनोहरा देवी से प्रेरणा प्राप्त हुई है। उन्होंने नारी को पारम्परिक तथा आधुनिक दोनों रूपों में अंकित किया है। पन्त की नारी तो स्वप्नलोक की मानसी प्रतिमा है। वे उसके सौन्दर्य के चितेरे हैं और आदर्श नारीत्व के पूजक भी। महादेवी जी स्वयं नारी जीवन, उसकी विरह वेदना अर्थात् भारतीय नारी की समस्त मनोभूमि की चित्रकर्त्री रही हैं। उनके गद्य में तो नारी जीवन की कुछ प्रतिक्रियाएँ यत्र-तत्र प्रकट हो गयी हैं, किन्तु उनकी कविता में किसी प्रकार का मतवाद अर्थात् 'नारीवाद' नहीं उभरा है। हाँ, कवयित्री की नारी संवेदनाएँ अवश्य ही सर्वत्र मुखर हुई हैं। कुल मिलाकर यह कहा जा सकता है हिन्दी कविता की सुदीर्घ परम्परा में छायावादी काव्य ने प्रथम बार नारी के प्रति एक स्वस्थ एवं संयत दृष्टिकोण प्रकट किया है।

## युग यथार्थ की अभिव्यक्ति

छायावादी काव्य ने यथार्थ का वह अर्थ नहीं लिया, जिससे लघुत्वकामी दृष्टि अथवा अधःप्रेक्षण का मन्तव्य निकलता है। उनकी दृष्टि में यथार्थ एक व्यापक सत्य-तथ्य है। इन कवियों ने अपनी समकालीन सामाजिक, आर्थिक तथा राजनीतिक व्यवस्था को खुली दृष्टि से देखा था और समस्याओं का भरसक समाधान भी खोजा था। प्रसाद जी ने 'कामायनी' में विगत तथा वर्तमान के साथ-साथ भावी युग जीवन को भी रूपायित करने की चेष्टा की है। निराला की कई कविताएँ, जैसे—'वह तोड़ती पत्थर', 'भिक्षुक', 'विधवा', 'छोड़ दो जीवन यों न मलो', 'दान' आदि युगीन यथार्थ की ही उपज हैं। पन्त जी ने 'युगान्त', 'युगवाणी' और 'ग्राम्या' में इस युग-यथार्थ को अभिव्यक्ति दी है। जब वे कहते हैं—''यह तो मानव लोक नहीं रे, यह है नरक अपरिचित'' तो वहाँ युग का कटु यथार्थ बोल उठा है। इन कवियों का यथार्थ किसी राजनीतिक मतवाद से ग्रस्त नहीं है। वह इनकी व्यापक लोक संवेदना से उत्पन्न है और इनके काव्य के जनाधार का प्रमाण है।

## राष्ट्रीय सांस्कृतिक चेतना

छायावाद भारतीय राष्ट्रीयता का पोषक रहा है। नवजागरण की उस वेला में अपनी स्वाधीनता के लिए विदेशों के विरुद्ध सत्याग्रह करती हुई भारतीय जनता को राष्ट्र के अतीत गौरव अर्थात् उसकी सांस्कृतिक चेतना से अवगत कराना बहुत आवश्यक था। इसीलिए प्रसाद जी ने अपने नाटकों में राष्ट्र का क्रमबद्ध इतिहास प्रस्तुत किया। उनकी काव्य कृतियों में बौद्ध करुणा से शैवागम तक की अनेक दार्शनिक विचारधाराओं का सन्देश है। इसी प्रकार निराला जी में वेदान्त, योग, शाक्तमत, पन्त जी में मार्क्सवाद, अरविन्द दर्शन और गाँधीवाद, महादेवी जी में बौद्ध करुणा तथा अद्वैत दर्शन की पर्याप्त अनुगूँज है। भारतीय अध्यात्म के अतिरिक्त इन कवियों ने सामाजिक संचेतना के श्रेष्ठ पक्षों की ओर संकेत किया है और इन सबसे राष्ट्रीय एकता को प्रश्रय दिया है। प्रसाद जी ने तो अपने एक गीत–'हिमालय के आँगन में उसे प्रथम किरणों का दे उपहार' में भारत देश के हज़ारों वर्षों का स्वर्णिम इतिहास अंकित कर दिया है। निराला जी का प्रसिद्ध गीत–'भारति, जय विजय करे' और पन्त जी का प्रसिद्ध गीत–'भारतमाता ग्रामवासिनी' इन कवियों की राष्ट्रीय सांस्कृतिक चेतना की दृष्टि से उल्लेखनीय है। प्रसाद जी ने तो विदेशी और वह भी शत्रु कन्या कार्नेलिया से भारत की वन्दना करायी है। उनका यह गीत राष्ट्रीय चेतना का अनन्य प्रमाण है–'अरुण यह मधुमय देश हमारा।' इसी प्रकार इस प्रयाण गीत में राष्ट्रीयता का ओजस्वी स्वर मुखरित हुआ है–

*'हिमाद्रि तुंग शृंग से प्रबुद्ध शुद्ध भारती*
*स्वयंप्रभा, समुज्ज्वला स्वतन्त्रता पुकारती*
*अमर्त्य वीर पुत्र हो, दृढ़ प्रतिज्ञ सोच लो*
*प्रशस्त पुण्य पन्थ है, बढ़े चलो, बढ़े चलो।'*

तात्पर्य यह है कि राष्ट्रीय चेतना की दृष्टि से छायावाद सर्वथा सुसम्पन्न काव्यधारा है।

# छायावाद का रचना-विधान

छायावाद ने शिल्प विधि में अपनी पृथक् पहचान बनायी है। इन कवियों के काव्य-सौष्ठव को समझने के लिए इनके बिम्ब विधान अथवा कल्पना विधान को भलीभाँति समझना होगा और उसी के साथ-साथ इनकी काव्य भाषा तथा काव्य शिल्प को भी। इसके मुख्य घटक हैं–

## कल्पना का नवोन्मेष

छायावादी कविता का सर्वाधिक महत्त्वपूर्ण पक्ष है, अनुभूति और कल्पना का नवोन्मेष। प्रसाद जी का कल्पना-विधान तो बहुत ही विलक्षण है। 'कामायनी' में श्रद्धा की छवि कवि को घटाटोप के बीच में खिले गुलाबी रंग के बिजली के फूल जैसी प्रतीत होती है। उस मुख पर थिरकती हुई स्मिति को कवि ने उत्प्रेक्षाओं द्वारा चित्रित किया है। प्रसाद जी की कल्पनाएँ बहुत सुदूरगामी हैं। प्रकृति के परिप्रेक्ष्य में उन्होंने बड़े विराट एवं सूक्ष्म बिम्ब प्रस्तुत किये हैं। कवि ने पृथ्वी को सिन्धु की सेज पर संकुचित बैठी हुई नवोढ़ा वधू के रूप में जिस प्रकार चित्रित किया है, वह एक विदग्ध कल्पना है–'सिन्धु सेज पर धरा वधू अब तनिक संकुचित बैठी सी।' इसी प्रकार हिमालयी प्रकृति को 'श्वेत कमल' कहना और उस पर प्रतिबिम्बित अरुणिमा को 'मधुमय पिंग पराग' कहना एक विलक्षण उक्ति है। कल्पना और अनुभूति का ऐसा मणिकांचन संयोग दुष्कर है।

प्रसाद की काव्य कला, बिम्ब विधायिनी कल्पना और रूपक रचना के सहारे बहुशः व्यक्त हुई है। 'बीती विभावरी जागरी' शीर्षक गीत इसका विरल उदाहरण है। इन कल्पनाओं के पीछे

बड़ी गूढ़ार्थ-व्यंजना है। कवि ने अप्रस्तुतों का प्रयोग करके यत्र-तत्र बिम्बमाला सी उपस्थित कर दी है। बिम्बधर्मिता उनकी काव्य सर्जना की सर्वोपरि सिद्धि है।

निराला जी की बिम्बविधायिनी क्षमता उनकी कई कविताओं, जैसे–'राम की शक्तिपूजा', 'सरोज स्मृति' और खण्डकाव्य 'तुलसीदास' में विशेषतः उद्‌भासित हुई है। उन्होंने दृश्य और ध्वनि बिम्बों का विशेष प्रयोग किया है, जैसे–

*''नत नयनों का आलोक उतर,*
*काँपा अधरों पर थर थर थर...।*
*ज्यों मालकौश नव वीणा पर।''*

निराला जी के बिम्बों में बड़ी व्यंजनातिशयता है। जनक वाटिका में राग और सीता के पूर्वराग का यह चित्रण यहाँ पर रूपकातिशयोक्तिपूर्वक कितनी वचन विदग्धता के साथ प्रस्तुत किया गया है–

*''नयनों का नयनों से गोपन, प्रिय सम्भाषण,*
*पलकों का नव पलकों पर प्रथमोत्थान पतन,*
*काँपते हुए किसलय झरते पराग समुदय,*
*गाते खग नव जीवन परिचय तरु मलय-वलय।''*

पन्त जी तो कोमल कल्पनाओं के राजकुमार कहे जाते रहे हैं। सुकुमार सौन्दर्य के सम्मूर्तन में उन्होंने अद्‌भुत क्षमता प्रदर्शित की है। गंगा की रुपहली रेती और उस पर फैली चाँदनी को देखकर कवि की कल्पना जागती है–

*''सैकत शय्या पर दुग्ध धवल, तन्वंगी गंगा ग्रीष्म विरल।''*
*''सिकता की सस्मित सीपी पर, मोती सी ज्योत्स्ना रही विचार।''*

वस्तुतः पन्त जी ऐसी कल्पनाओं के धनी रहे हैं।

काव्य बिम्बों की सृष्टि में महादेवी जी भी बहुत प्रवीण हैं। इसका मात्र एक उदाहरण ही अलम् है–''अवनि अम्बर की रुपहली सीप में तरल मोती सा जलधि जब काँपता है।''

इन कवियों के अधिकतर काव्यांश बिम्ब, गूढ़ार्थ व्यंजना, रूपक-रचना आदि गुणों से ओतप्रोत हैं। वस्तुतः काव्य-कल्पना के नव-नवोन्मेष की दृष्टि से छायावादी काव्य अतुलनीय है।

## काव्य-भाषा

छायावादी कवियों ने काव्य-शिल्प को सर्वाधिक वरीयता दी है। प्रसाद जी के अनुसार काव्य के सौन्दर्य बोध का मुख्य आधार है—शब्द-विन्यास-कौशल। निराला ने भी काव्य को भावात्मक शब्दों की ध्वनि और शब्द व्यापार कहा है और पन्त ने शब्द  चित्र, चित्रभाषा तथा भावावेश भाषा पर बल दिया है। वस्तुतः इन कवियों को शब्द सर्वाधिक प्रिय रहे हैं। निराला जी तो स्पष्ट घोषणा करते हैं—"एक-एक शब्द बँधा, ध्वनिमय साकार।" महादेवी जी भी टकसाली और स्वच्छ भाषा के प्रयोग में बहुत सचेत रही हैं। तात्पर्य यह है कि छायावादी काव्य भाषा ललित लवंगी 'कोमल कान्त पदावली' है। उसमें असाधारण लक्ष्यार्थ, प्रतीकार्थ, अमूर्तन व्यापार और सम्प्रेषण-संवेदना है।

छायावादी काव्य भाषा प्रचलित अर्थों से बहुत भिन्न भी है। उसमें अर्थ की छायाएँ हैं, जिन्हें गद्यात्मकता के अभ्यस्त व्यक्ति कठिनाई से समझ पाते हैं। इन कवियों ने विशेषण विपर्यय के सहारे 'मधुमय अभिशाप', 'सुन्दर पाप', 'घायल आँसू', 'नीरव भाषण', 'मधुर व्यथा', 'निद्रित स्वप्न' जैसे प्रयोग किये हैं। तात्पर्य यह है कि छायावादी भाषा अर्द्धसचेत आत्माभिव्यक्ति है और दूरगामी व्यंजना भी। इनकी शब्दावली संस्कृत, बँगला और अंग्रेज़ी से काफ़ी रूपान्तरित है। नये शब्द इन कवियों ने गढ़े भी हैं, जैसे—स्वप्नोत्पल, पांसुल, शब्दोच्छल, फेनिल, टलमल, बातुल आदि। पन्त जी ने तो स्वेच्छापूर्वक पवन, वायु, भोर आदि को स्त्रीलिंग रूप में प्रयुक्त किया है। इन कवियों के कुछ प्रयोग बड़े वैचित्र्यपूर्ण हैं, जैसे—तरुवासिनी (कोयल), शैवालिनी (सरिता), धरारमण (बसन्त), कुंज बिहारी (भ्रमर), शशिहासिनी (चाँदनी), जलबाह (बादल), गन्धबह तथा मलयवलिका (वायु) आदि। कोमलता के उद्देश्य से इन्होंने देशज और तद्भव शब्दों के अनेक प्रयोग किये हैं, जैसे—परस (स्पर्श), नखत (नक्षत्र), ढिंग (निकट), पाँति (पंक्ति) आदि। निराला जी ने तो आंचलिक शब्दों के प्रयोगों की अति कर दी है, जैसे—नाधो, बद्घी, कोड़े, लेवारी, हरहा, लवनी, निवारी आदि। इन कवियों ने घरेलू बोलचाल की भाषा और मुहावरेदानी का प्रायः परहेज किया है, फिर भी इनमें वैविध्य अपेक्षाकृत अधिक है। वाक्य रचना में इन्होंने सम्बोधनों और विस्मयादि बोधक शब्दों का अधिक

प्रयोग किया है। इन्होंने मधु, लघु, स्वर्ण, सित, नील आदि शब्दों को तकियाकलाम की तरह प्रयुक्त किया है। तात्पर्य यह है कि छायावादी शब्द संसार अतिशय व्यापक एवं विशद है।

## काव्य-शिल्प

छायावादी कवियों ने प्रायः पाँच प्रकार के काव्य रूपों का प्रयोग किया है—1. मुक्तक काव्य, 2. गीति काव्य, 3. प्रबन्ध काव्य, 4. लम्बी कविताएँ, 5. नाट्य काव्य। इनमें मुक्तक काव्य सर्वाधिक सफल रहा है। छायावादी काव्य तो सहज भावोच्छ्वास है। गीति तत्त्व इसका अनिवार्य अंग है। प्रबन्ध काव्यों के अन्तर्गत केवल 'कामायनी', 'प्रेमपथिक' (प्रसाद), 'ग्रन्थि', 'लोकायतन', 'सत्यकाम' (पन्त) और 'तुलसीदास' (निराला) का नामोल्लेख किया जा सकता है। 'कामायनी' और 'तुलसीदास' उच्चस्तरीय महाकाव्य एवं खण्डकाव्य हैं, भले ही प्रबन्ध पद्धति की शास्त्रीयता का पूर्ण निर्वाह इनमें न मिलता हो। इन काव्यों में 'यूटोपिया' और फैण्टेसी का मुक्त रूप से प्रयोग किया गया है। लम्बी कविताओं में 'प्रलय की छाया', 'शेरसिंह का शस्त्र समर्पण', 'सरोजस्मृति', 'राम की शक्तिपूजा', 'परिवर्तन' आदि और गीतिनाट्य या काव्य रूपकों में 'करुणालय', 'पंचवटी प्रसंग', 'शिल्पी', 'सौवर्ण', 'रजतशिखर' (पन्त) आदि चिरस्मरणीय हैं। प्रसाद जी की कृति 'आँसू' एकार्थक मुक्तक है और छायावाद के विशिष्ट प्रबन्ध विधान का प्रतीक काव्य है।

छायावादी काव्य की छन्द योजना वैविध्यमयी है। निराला जी ने प्रथम बार मुक्त छन्द का आविष्कार करके कविता को तुकबन्दी से मुक्त किया। इन कवियों ने प्रायः सभी प्रकार के छन्दों के प्रयोग किये हैं, जिनमें अंग्रेज़ी के 'सानेट', फ़ारसी के बह्र, ग़ज़ल, संस्कृत के वार्णिक और मात्रिक छन्द उल्लेखनीय हैं। इन्होंने लोक धुनों को अपने छन्दों में बाँधा है और अपने कुछ नये छन्द निर्मित किये हैं। इनके छन्दों में ध्वन्यात्मकता का निर्वाह हुआ है और ओज, प्रसाद, माधुर्य तथा प्रायः समस्त वृत्तियों अथवा शैलियों का प्रयोग भी।

तात्पर्य यह है कि इन कवियों का काव्य-शिल्प भावानुरूप कोमल, करुण और महाप्राणत्व से ओतप्रोत है। वस्तुतः छायावादी काव्य-शिल्प संरचना की दृष्टि से अत्यन्त पुष्ट एवं प्रौढ़ है।

# छायावाद के प्रमुख कवि

छायावादी कवियों में समय-समय पर अनेक रचनाकारों का समावेश किया गया है। बृहत्त्रयी के अन्तर्गत प्रसाद, निराला और पन्त की गणना की गयी है। महादेवी जी को मिलाकर 'चतुष्टय' का नाम लिया गया है। इसके पश्चात् बृहत्त्रयी के अतिरिक्त समीक्षकों ने 'एक भारतीय आत्मा' माखन लाल चतुर्वेदी, महादेवी वर्मा और डॉ. रामकुमार वर्मा को मिलाकर 'लघुत्रयी' की स्थापना की। कुछ इतिहासकारों ने मोहन लाल महतो 'वियोगी', जानकी बल्लभ शास्त्री, हरिकृष्ण प्रेमी, जनार्दन झा द्विज, लक्ष्मीनारायण मिश्र, आरसी प्रसाद सिंह, हंस कुमार तिवारी, डॉ. नगेन्द्र, इलाचन्द्र जोशी, चन्द्र प्रकाश सिंह, रामेश्वरी देवी चकोरी, चन्द्रमुखी ओझा 'सुधा', भगवतीचरण वर्मा, विद्यावती कोकिल, सुमित्रा कुमारी, तारा पाण्डेय, तोरन देवी लली, मुकुटधर पाण्डेय, चन्द्र कुँवर बड़थ्वाल, रामाधार सिंह, उदयशंकर भट्ट, नरेन्द्र शर्मा आदि को मिलाकर 'उपछायावादी' काव्य या 'गौण छायावादी' कवि जैसी संज्ञाओं की कल्पना की, किन्तु ये मान्यताएँ सर्व स्वीकार्य नहीं हुईं, और समग्रतः छायावाद के प्रमुख कवि के रूप में प्रसाद, पन्त, निराला, महादेवी को ही यथेष्ट प्रतिष्ठा प्राप्त हुई।

छायावाद का महत्त्व दो दृष्टियों से स्वीकार्य है। एक तो काव्योत्कर्ष या काव्य के विधायक उपादानों के कारण और दूसरे स्वतन्त्र जीवन-दर्शन के कारण। जो विद्वान छायावादी कवियों के विचार-दर्शन से सहमत नहीं हैं, वे भी इन कवियों के कवित्व से अभिभूत रहे हैं। प्रसाद तो आधुनिक कविता के सुमेरु माने ही गये हैं, निराला को काव्य की प्राणवत्ता और पन्त को काव्य भाषा

की स्निग्धता के कारण बराबर याद किया जायेगा। एक प्रसंग में अज्ञेय जी ने बड़ी सटीक बात कही है—"प्रसाद पढ़ाये जाने योग्य हैं, निराला पढ़े जाने योग्य हैं और पन्त जी से काव्य भाषा सीखने योग्य है।" महादेवी को भी काव्य-संवेदना, बिम्ब विधायनी क्षमता और एक टकसाली भाषा-अभिव्यंजना के कारण व्यापक समर्थन मिला है। तात्पर्य यह है कि इनके कवित्व पक्ष की सर्वत्र सराहना होती रही है और होती रहेगी। इनके विचार-दर्शन के प्रति अवश्य अलग-अलग युगों में असहमति व्यक्त होती रही है। प्रगतिवादी आन्दोलन में छायावादी कवियों की 'यूटोपिया' को 'पलायनवाद' का नाम दिया गया। सपाटबयानी के इस युग में इनकी छायांकन शैली को 'धूमायित' कहकर अस्वीकारा गया, किन्तु एक स्तर पर पहुँचकर चाहे-अनचाहे उसको समर्थन भी देना पड़ा। दिनकर ने 'चक्रवाल' की भूमिका में छायावादी शिल्प संरचना पर बड़े तीखे प्रहार किये थे। पर 'उर्वशी' तक आते-आते वे स्वयं छायावादी रुचि से प्रेरित और प्रभावित हो गये। उनकी 'उर्वशी' छायावृत्ति की पुष्टि करती हुई कहती है—

*"स्पष्ट शब्द मत चुनो,*
*चुनो उनको जो धुँधियाले हैं।*
*ये धुँधले ही शब्द*
*ऋचाओं में प्रवेश पाने पर*
*एक साथ जोड़ते*
*अनिश्चय को निश्चय आशय से।*
*सन्ध्या, द्वाभा, कुंज, गोधूलि, चाँदनी*
*यदि ये नहीं रहे तो*
*दिन की खुली धूल में कब तक*
*जीवन चल सकता है?"*

नयी कविता में अज्ञेय, गिरिजा कुमार माथुर और शमशेर तक इस 'ऐब्सट्रैक्ट' बिम्ब विधान से अरसे तक प्रभावित रहे हैं। अन्तर केवल इतना है कि उसे शमशेर छायावाद न कहकर अतियथार्थवाद मानते हैं, अज्ञेय अस्तित्ववाद कहते हैं और गिरिजा कुमार माथुर के लिए 'रूमानियत' का प्रयोग किया जाता है। यह उल्लेखनीय है कि 'रूमानियत' अर्थात् स्वच्छन्दतावाद, अस्तित्ववाद और

'ऐब्सट्रैक्ट' अर्थात् भावात्मक बिम्बवाद छायावाद के ही घटक हैं। इसलिए प्रगतिवाद, प्रयोगवाद, नयी कविता और 'अकविता' तक के आन्दोलनों में छायावादी भावभूमि प्रत्यक्ष-परोक्ष रूप से सक्रिय दिखाई देती है। यही इसके महत्त्व का प्रमाण है।

छायावाद का ऐतिहासिक महत्त्व अपनी समकालीन पृष्ठभूमि के परिप्रेक्ष्य में स्थापित किया जा सकता है। ज्ञातव्य है कि यह पराधीनता के युग का काव्य था, जिसमें एक ओर अंग्रेज़ों का दमन चक्र था और दूसरी ओर आधुनिकताबोध तथा औद्योगीकरण से प्रेरित जनजागरण। इसने जन का पक्ष लिया और सत्ता का पूर्ण निषेध किया। सम्पूर्ण आधुनिक युग में हुकूमत को न बर्खास्त करने वाला एक मात्र काव्य है—छायावाद। इसमें किसी भी सत्ताधारी के पक्ष में कहीं एक पंक्ति तक नहीं मिलेगी। इन कवियों ने उनका नाम तक नहीं लिया है। विरोध करते हुए भी नाम लेने से व्यक्ति को महत्त्व मिलता है। इन्होंने अंग्रेज़ों द्वारा आनीत भौतिक व्यवस्था अर्थात् यान्त्रिक आविष्कारों और वैज्ञानिक उपकरणों तक को अस्वीकार कर दिया। उनकी प्रतिस्पर्धा में इन्होंने अपना एक अलग मनोराज्य स्थापित किया। यथार्थ से ऊबकर प्रत्येक युगद्रष्टा साहित्यकार किसी न किसी कल्पना लोक की सृष्टि करता है। तुलसी ने रामराज्य की कल्पना की थी। प्रेमचन्द ने मरते हुए होरी को एक सपना दिखाया था। उसी तरह प्रसाद ने कैलाश धाम या आनन्द लोक बसाया। निराला ने जगह-जगह फैण्टैसी का प्रयोग किया। पन्त ने 'लोकायतन' बनाया। इसमें प्रसाद का मनोलोक सर्वाधिक सुविचारित है। उनका 'यूटोपिया' चित्राधार में संकलित 'प्रेमराज्य' से आरम्भ होता है। फिर वे 'प्रेमपथिक' में एक 'आनन्द नगर' की कल्पना करते हैं। कामना में वे 'विवेक राज्य' स्थापित करते हैं और 'कामायनी' में उसे 'आनन्द लोक' का नाम देते हैं। प्रेम-विवेक और आनन्द का यह त्रिकोण श्रद्धा, इड़ा और मनु का कथालोक है। इसे पलायन मात्र मान लेना अविचारित जल्दबाज़ी होगी। छायावादी कवियों ने पहली बार मानवीय जागरण का मधुर स्वप्न देखा था। रूमानियत के सहारे जीवन की त्रासदी को झेल लेने का सन्देश दिया था। इन्होंने पूँजीवादी व्यवस्था द्वारा विकसित भौतिक सभ्यता का निषेध करते हुए प्राकृतिक जीवन अर्थात् नैसर्गिक आश्रम व्यवस्था की

कामना की थी। बुद्धि के अतिरेक से बचते हुए मानवीय संवेदना को सुरक्षित रखने और समाज को अति यान्त्रिकता प्रेरित विमानवीकरण से बचाये रखने की साहित्यिक चेष्टा आधुनिक युग में पहली बार छायावाद में दिखाई पड़ी है। हिन्दी के साहित्यिक भूगोल में मात्र छायावादी कविता प्रथम बार सर्ववाद या विश्वबोध की ओर उन्मुख होती दिखी है। व्यक्तिवादी होकर भी इन कवियों ने समष्टि चेतना को वरण किया है। उन्होंने देश काल का अतिक्रमण करके विश्व मानव के विश्व बन्धुत्व को स्वर दिया है। यह सार्वभौम भाव-वैभव छायावाद के विराट चिन्तन का प्रमाण है। इतना बड़ा रचना-संसार और किसी के आगे नहीं रहा। प्रगतिवाद के समक्ष केवल सर्वहारा का संसार था। प्रयोगवाद अधिकांशतः योरोपीय, अमेरिकी चमत्कार का कायल रहा। नयी कविता का विश्व दर्शन अब अवश्य ही सबसे अधिक विस्तृत है, किन्तु इस अन्तरराष्ट्रीय दिशा बोध को उद्‌घाटित करने का प्रथम श्रेय छायावाद को ही देना होगा। अस्तु! छायावाद का यह ऐतिहासिक महत्त्व स्वयं में निर्विवाद है।

छायावाद के सम्पूर्ण प्रदेय को यद्यपि प्रासंगिकता के निकष पर नहीं परखा जा सकता, इसलिए कि जो काव्य सार्वकालिक चेतना को वाणी देता है, वह युगयुगीन सत्य को वहन करता है, न कि वह केवल सन्दर्भ सापेक्ष ही होता है। इसीलिए छायावाद के विचारक्रम में प्रासंगिक शब्द छोटा पड़ जाता है। प्रासंगिकता की अवधि प्रायः दस-बीस वर्षों की होती है। जब कि शाश्वतता चिरस्थायी होती है। छायावादी कवियों ने मनुष्य की जिस राग भावना को तथा जिस सौन्दर्य संचेतना को प्रश्रय दिया है, वह प्रासंगिक न होकर एक स्थायी मान-मूल्य है। उन्होंने मनुष्य को अपना प्रतिपाद्य बनाया है। पौराणिकता का निषेध करते हुए मानवीय शक्ति की सही पहचान, जिसमें न पाशविक वृत्तियों की पुष्टि हो और न अतिमानवता की कल्पना, वही छायावाद का वर्ण्य विषय है। परवर्ती काव्यान्दोलनों में यह मनुष्य निरन्तर अपनी ही नज़रों में गिरता गया है—सर्वहारा होकर अथवा मात्र शिश्नोदर स्वार्थों से घिरकर। यथार्थ के नाम पर एक अतिरंजित नरक, जो परवर्ती काव्य में चित्रित किया गया है, वह समकालीन आदर्शों से कहीं ज़्यादा घातक है। छायावादी कविता ने जीवन के उदात्तीकरण का सन्देश दिया है। श्रद्धा ने कहा था—

*"पशु से यदि हम कुछ ऊँचे हैं।*
*तो भव जलनिधि के बने सेतु।"* *(कामायनी)*

प्रसाद ने 'उज्ज्वल नवमानवता' का सपना देखा था। काडवेल के अनुसार त्रासदी के यथार्थ की अपेक्षा सम्भावनामूलक सम्भ्रम अधिक उपयोगी होता है। वस्तुतः भावी मानवता का उपचार इस छायावादी दर्शन में ही सन्निहित है। 'कामायनी' ने प्रथम बार विचार किया कि जीवन का लक्ष्य क्या है? दुःख का हेतु क्या है? और यह भी कि भौतिक बुद्धि द्वारा क्या मानव कल्याण सम्भव है? अथवा वही वर्तमान विश्व विभीषिका का प्रस्थान बिन्दु है। इनका निर्णय एक आध शताब्दी में नहीं, काल के युग-युगीन प्रवाह में होगा। छायावादी काव्यों में व्यक्त कला चिरन्तन है, इसलिए यहाँ मात्र प्रासंगिकता का प्रश्न सार्थक नहीं है। यह मानव अस्तित्व के गत-आगत और अनागत का प्रश्न है। यह निश्चयपूर्वक कहा जा सकता है कि छायावादी कवि अपने-अपने क्षेत्र में विदग्ध विचारक रहे हैं। वेदान्त, शैवागम, बौद्धमत, मार्क्स, गाँधी और अरविन्द तक को आत्मसात करके समकालीन समाज दर्शन के सहारे उन्होंने एक जीवन दर्शन को रेखांकित किया था, जो इस भौतिकवादी युग में अभी अव्यावहारिक लगता है, लेकिन अतिभौतिकता से त्रस्त मानव मन की मुक्ति का द्वार अन्ततः वही सिद्ध होगा। यहीं 'छायावादी' की युगयुगीन उपादेयता है।

छायावाद की एक विशिष्ट देन है—रागात्मक ऐश्वर्यबोध। ये मूलतः मानवीय सौन्दर्य प्रेम के कवि हैं। इन काव्य में लौकिक तथा लोकोत्तर दोनों प्रकार के प्रणय-प्रसंग चित्रित हुए हैं। प्रसाद जी ने 'आँसू' में जिस मिलन-माधुरी और विरह वेदना का वर्णन किया है, उसका आलम्बन लौकिक भी है और अलौकिक भी। छायावादी कवियों ने अपनी समकालीन वर्जनाओं और प्लैटोनिक प्रणय की परिकल्पनाओं से मुक्त होकर वैयक्तिक प्रेम-प्रसंगों को भी प्रगल्भतापूर्वक प्रस्तुत किया है। इसके लिए उन्होंने प्रतीकों तथा अमूर्त बिम्बों का भी आश्रय लिया है। यों कुल मिलाकर इनकी कविताओं में प्रेम-पिपासा अत्यधिक है। प्रसाद जी का एक गीत है—"धीरे से वह उठता पुकार, मुझको न मिला रे कभी प्यार।" निराला इसी प्रेम पीड़ा से आकुल होकर पूछते हैं—'मुझे स्नेह क्या मिल न सकेगा?'

उनकी मनोकामना कई रचनाओं में प्रस्फुटित हुई है, जैसे–

*"आओ बैठ लें कुछ देर।"*

*"बाँधो न नाव इस ठाँव बन्धु।"*

"एक बार भी यदि अजान के स्वर से
उठ तुम आ जातीं... ।"

पन्त जी की मान्यता है–"कहाँ नहीं है प्रेम साँस सा सबके उर में।" वे मानते हैं कि प्रेम "सत्यं शिवं सुन्दरम्" है–'वही प्रज्ञा का सत्य स्वरूप हृदय में भरता प्रणय अपार।' उन्होंने अपने प्रथम काव्य 'ग्रन्थि' में अपनी प्रणयकथा मुक्त रूप से व्यक्त की है। निराला जी ने प्रेम के पीछे सत्ता-सुख त्याग देने वाले एडवर्ड अष्टम की सराहना करते हुए प्रेम को ही मूल 'मानुष भाव' घोषित किया है। प्रसाद जी ने एक गीत में आज के अभिशप्त सन्तप्त मानव को 'घने प्रेमतरु तले' बैठने के लिए आहूत किया है–'बैठ छाँह लो भव आतप के पीड़ित और जले।' वे मानते हैं कि प्रेम के कारण जीवन पुलकित एवं रचनाधर्मी बना रहता है–'जिसके आगे पुलकित हो जीवन है सिसकी भरता..., वह मेरे प्रेम बिहँसते जागो मेरे मधुबन में।'

इस स्फीत राग चेतना को इन कवियों ने दाम्पत्य, वात्सल्य में जिस प्रकार परिणत किया है, वह निरालाकृत–'प्रिया के प्रति', 'जागो जीवन धनिके', 'मौन रही हार', 'सरोजस्मृति', 'प्रिय यामिनी जागी' तथा पन्त रचित कविता 'भावी पत्नी के प्रति', 'दो लड़के' आदि में द्रष्टव्य है। प्रसाद जी की तो स्पष्ट मान्यता रही है कि दो दिन के जीवन में यदि हम एक-दूसरे को प्यार नहीं करते तो जीवन निरर्थक हो जाता है। वस्तुतः यह एक उच्च मानवीय मनोभाव है। प्रसाद जी ने इसे चेतना का उज्ज्वल वरदान तथा उज्ज्वल नव मानवता कहा है और उसे 'श्रद्धावाद' के रूप में स्थापित कर दिया है। यही प्रेम उदात्त रूप धारण करके भगवत्प्रेम, विश्वप्रेम, प्रकृति प्रेम, राष्ट्रप्रेम आदि में रूपान्तरित होता रहता है। महादेवी जी ने इसे रहस्यानुभूति से जोड़ दिया है, निराला ने इसे अद्वैतवाद की भूमि तक पहुँचा दिया है, प्रसाद ने इसे आनन्द का हेतु घोषित किया है और पन्त ने इसे भगवती प्रज्ञा कहा है। वस्तुतः प्रेम का सहज, साथ ही उदात्त रूप छायावादी काव्य का एक प्रमुख प्रतिपाद्य है।

छायावाद एक विशिष्ट भाव-भंगिमा है। यह मुक्त क्षणों की

वाणी है। यह एक प्रकार का भावयोग है। कवि जब मुक्तावस्था में पहुँच जाता है, जब वह तन्द्रिल स्थिति में, 'रस समाधि' में लीन होकर वर्ण्य विषय के साथ भावयोग स्थापित कर लेता है, तब उसकी छायावृत्ति जाग्रत होती है। साहित्याचार्यों के अनुसार काव्योद्रेक के मूल हेतु हैं—अनुभूति, कल्पना और ध्वनि। अनुभूति का उत्स है रस और कल्पना की नियामिका है—ध्वनि। इनमें सबसे सूक्ष्म तत्त्व है—ध्वनि। उसी के सहारे कवि लक्ष्यार्थ व्यंग्यार्थ को व्यक्त करता है। तभी अतिशय चारुत्व की सृष्टि होती है। इसके लिए वक्रोक्ति का आश्रय लेना होता है। वक्रोक्ति में शब्द की तीनों शक्तियाँ सक्रिय हो उठती हैं। जब वक्रोक्ति के साथ कवि का अनुभूतिमय आत्मस्पर्श होने लग जाता है तो उसके शब्दों में एक विशेष प्रकार का आन्तर अर्थ वैचित्र्य प्रकट होने लगता है। तभी कविता में वर्ण विन्यास-वक्रता उत्पन्न होती है। कवि जब 'प्रसिद्ध व्यवहार सरणि' को त्यागकर 'तिरस्कृत वाच्य ध्वनि' का आश्रय लेता है तो उसकी रचना में 'रम्य छायान्तर स्पर्शी वक्रता' भर जाती है। इसे अनुभूति मयी प्रतिभा का एक स्वतः परिणाम कहा गया है। आचार्य आनन्दवर्द्धन ने ध्वनि का विश्लेषण करते हुए कहा है कि जब कवि प्रतीयमान अर्थच्छाया को वरण करता है तो उससे एक विशिष्ट कोटि की रमणीय अर्थदीप्ति का उदय होता है। जैसे किसी लाजवन्ती सुन्दरी के मुखमण्डल पर या कि उसके कपोलों पर लज्जा अपनी गुलाबी आभा (आरक्त, अरुणिम गंडस्थल) के कारण और अधिक रमणीय दिखने लगती है, उसी प्रकार कविता के वाच्यार्थ का आन्तरिक अर्थ-सौन्दर्य द्विगुणित हो उठता है। आचार्य कुन्तक ने इसकी उपमा मुक्ताफल (मोती) से दी है। उनके अनुसार जिस प्रकार मोती के भीतर 'आब' होता है, जो तरलतापूर्वक भीतर-भीतर हिल्लोलित होता रहता है, बाहर नहीं छलकता, उसी प्रकार कविता में एक अन्तरंग सौन्दर्य विद्यमान रहता है। छाया का यह दर्शन रस, ध्वनि एवं वक्रोक्ति सम्प्रदायों से निःसृत है, न कि अंग्रेज़ी की रोमैण्टिक कविता से या फ्रांसीसी प्रतीकवाद से। यह न तो ब्रह्म समाजी 'छाया' है, न ईसाई फैण्टसमाटा। न यह मात्र चित्र कविता है, न रहस्यवाद स्वच्छन्दता आदि। प्रसाद जी ने अपने निबन्धों में इसकी ओर यथेष्ट संकेत किया है। इस अमूर्त एवं सूक्ष्म रूपच्छाया

को मनोयोगपूर्वक पकड़ने की आवश्यकता है। कवि सचेत नहीं होगा तो यह छाया प्रेतच्छाया बन जायेगी। सहृदय सचेत नहीं रहेगा तो कोई अर्थ बिम्ब नहीं बन पायेगा। इसके लिए एक पारदर्शी मनः संस्थान आवश्यक है और अत्यावश्यक है–विषय के साथ पूर्ण तादात्म्य। इस दृष्टि से हिन्दी का छायावादी काव्य पुनर्विचारणीय है।

निष्कर्ष यह है कि छायावाद का रचना-संसार और शिल्प आरम्भ से ही विवादास्पद रहा है। आचार्य शुक्ल ने छायावाद को एक तो रहस्यवाद के अर्थ में ग्रहण किया और दूसरे शैली-विशेष के रूप में। फ्रांस के प्रतीकवाद से भी शुक्ल जी ने इसका सम्बन्ध जोड़ना चाहा। ईसाइयों के 'छायाभास' से भी इसे जोड़ा गया। पाश्चात्य रोमैण्टिक कविता के प्रभाव के रूप में भी इसे प्रस्तुत किया गया। परन्तु अब एक बात स्पष्ट रूप से घोषित की जा सकती है कि छायावाद न तो बँगला से छनकर हिन्दी में आया और न सीधे पाश्चात्य रोमैण्टिक कविता के जरिये। असलियत यह है कि छायावाद अपने देश की ज़मीन की ही उपज है। महर्षि अरविन्द, तिलक, गाँधी जी और स्वामी विवेकानन्द ने हमें सबसे प्रभावी ढंग से अपने गौरवमय अतीत का अन्तर्दर्शन कराया। अरविन्द की भाव क्रान्ति, तिलक के वैदिक ज्ञान, गाँधी के हिन्द स्वराज और स्वामी जी के अभिनव वेदान्त ने पाश्चात्य दर्शन की जड़ें हिला दीं। फलतः हमारी संस्कृति का स्वर्णिम स्वरूप हमारी आँखों के आगे उजागर हो उठा। इस प्रकार स्वतन्त्रता की चेतना से इस कविता का सीधा सम्बन्ध स्थापित हुआ। छायावादियों के अनुसार इस मुक्ति का अर्थ है अन्धविश्वासों, रूढ़ियों और गलत मूल्यों से मुक्ति। इस प्रकार सिद्ध है कि छायावाद पाश्चात्य साहित्य की देन नहीं है। राष्ट्रीय आन्दोलन की असफलताओं ने आरम्भ में कवियों के मन में जो पीड़ा-बोध जगाया, वह छायावादी कवियों में प्रचुर मात्रा में मिलता है। छायावादी काव्य के पीछे था–सफलता-असफलता के झोंके खाता हुआ सत्याग्रह आन्दोलन और पाश्चात्य रोमैण्टिक काव्य के पीछे था–फ्रांस का सफल विद्रोह। हाँ, यह बात जरूर ध्यान देने योग्य है कि छायावाद और रोमैण्टिसिज़्म में परिस्थितिगत साम्य था। जिस प्रकार रोमाण्टिक कविता के पहले अंग्रेज़ी काव्य में अनैतिकता, सुधारवाद और रूढ़ियों की बहुलता थी, कुछ वैसी ही छायावाद

की पूर्ववर्ती कविता की प्रवृत्तियाँ थीं, जिनका विरोध छायावादियों ने किया। अस्तु; छायावाद के स्वरूप के सम्बन्ध में निम्नलिखित विचार-बिन्दु द्रष्टव्य हैं—

1. छायावाद एक शैली विशेष है। 2. छायावाद और रहस्यवाद समानधर्मा प्रवृत्तियाँ हैं। 3. छायावाद में प्रकृति का आत्यन्तिक मानवीकरण हुआ है। 4. छायावाद एक सघन सहज अनुभूति का उन्मेष है। 5. छायावाद एक विशिष्ट भावात्मक दृष्टिकोण है। 6. छायावाद प्रकृति के माध्यम से उदात्त सौन्दर्यबोध की परिव्याप्ति है। 7. छायावाद मुख्यतः प्रेम-सौन्दर्य का काव्य है। 8. इसमें वेदनानुभूति का आधिक्य है। यह वेदना व्यष्टिगत विरह वेदना भी है और समष्टिगत करुणा भी। 9. इसमें नियति का प्राधान्य है। इसे पलायन तो नहीं कहा जा सकता परन्तु प्रवृत्ति की अपेक्षा निवृत्ति का निकटवर्ती भाव अवश्य माना जा सकता है। 10. छायावाद में राष्ट्रीय गौरव-गाथाओं के साथ ही वर्तमान विपदाओं का संकेत किया गया है। 11. इस काव्य में अनेक कल्पनालोकों की फैण्टेसी तथा यूटोपिया है और यत्र-तत्र वीभत्स यथार्थ भी। 12. नारी की भुवन मोहिनी छवि इसमें प्रायः मानसी रूप में अंकित की गयी है। 13. इसमें व्यक्तिवाद का स्तर सवेग प्रस्फुटित हुआ है, जिसे नव स्वच्छन्दतावाद भी कहा जा सकता है। 14. छायावादी कवियों ने खड़ीबोली भाषा को ललितलवंगी, कोमलकान्त एवं काव्योपम बनाने के लिए उसमें भावगत माधुर्य, लोकभाषाओं का मार्दव और बिम्बों, प्रतीकों की गूढ़ार्थ-व्यंजना का सन्निवेश किया है। 15. छायावाद ध्वनि, रस और वक्रोक्ति सिद्धान्त तथा पश्चिमी ऐब्सट्रैक्ट आर्ट, सुररियलिज्म और छायांकन शैली से उत्पन्न एक विशिष्ट अभिव्यंजना प्रणाली है।

विषयवस्तु की दृष्टि से मानवतावादी दृष्टिकोण का प्रतिस्थापन, रहस्यमयी भावनाओं का प्रदर्शन, तत्त्व-चिन्तन, जीवन के परिवर्तित मूल्यों की अभिव्यक्ति, देश-प्रेम एवं राष्ट्रीयता की भावना का प्राधान्य, वैयक्तिक चिन्तन, नये प्रतीकों का प्रयोग, मुक्तक की रचना, शृंगारिकता का सौम्य, सजीव वर्णन, वेदना की अभिव्यक्ति, वैज्ञानिक प्रभाव आदि इस युग की प्रमुख विशेषताएँ हैं। छायावादी युग में कविता के माध्यम से विचार और भावना के क्षेत्र में कई

क्रान्तियाँ हुई हैं। इसीलिए विविध अन्तर्विरोधी परिभाषाओं के अनुसार छायावाद की विवेचना की गयी है। अन्ततः यह माना गया है कि छायावाद आधुनिक काव्य की शिखर उपलब्धि है।

इसे हृदयंगम करने के लिए छायावादी चतुष्टय का संक्षिप्त परिचय प्राप्य है।

**1. जयशंकर प्रसाद (1889-1937) :** प्रसाद जी छायावाद के प्रवर्तक हैं। उन्होंने नयी भाषा, नयी विषयवस्तु और कुल मिलाकर एक नयी जीवन दृष्टि दी है। हिन्दी की विगत शताब्दी प्रसाद जी के व्यक्तित्व और कृतित्व से सर्वाधिक प्रेरित-प्रभावित रही है। उन्होंने काव्य के साथ-साथ नाटक, उपन्यास, कहानी, निबन्ध, समीक्षा आदि विभिन्न गद्य-पद्य विधाओं में ऐतिहासिक भूमिका निभायी है। छायावादी काव्य क्षेत्र में तो उनकी देन अप्रतिम है।

प्रसाद जी का जन्म 1889 ई. में वाराणसी के एक प्रतिष्ठित परिवार में हुआ था। परिस्थितियों से संघर्ष करते हुए घर में ही शिक्षार्जन करके घरेलू व्यवसाय का दायित्व निभाते हुए उन्होंने अनेक काव्य कृतियों की रचना की। पहले उन्होंने 'कलाधर' नाम से ब्रजभाषा छन्द लिखे, जो 'चित्राधार' में संकलित हैं। खड़ीबोली में रचित उनकी प्रमुख प्रारम्भिक कृतियाँ हैं—'प्रेमपथिक' (1906-1913), 'करुणालय' (1913 ई.), 'महाराणा का महत्त्व' (1914 ई.) तथा 'कानन कुसुम' (1913 ई.)। 'झरना' (1918 ई.) द्वारा उन्होंने छायावाद का श्रीगणेश किया। 'आँसू' (1925 ई.), 'लहर' (1933 ई.) और 'कामायनी' (1935 ई.) उनकी काव्य साधना के उच्चतम शिखर हैं। प्रेम, सौन्दर्य आनन्द का त्रिकोण उनका जीवन-सन्देश रहा है। प्रसाद का दर्शन वर्तमान युग के लिए भी प्रासंगिक है। यक्ष्मा से पीड़ित होकर 48 वर्ष की अवस्था में 15 नवम्बर, 1937 को उनका 'कैलाशवास' हो गया, किन्तु उनकी यशःकाया अक्षुण्ण है। वस्तुतः प्रसाद जी हिन्दी काव्य, विशेषतः 'छायावादी' काव्य के सुमेरु हैं।

प्रसाद जी की प्रतिभा का प्रसार विभिन्न विधाओं में और विभिन्न विचारधाराओं में हुआ है। काव्य, नाटक, कहानी, उपन्यास, निबन्ध आदि उनकी कारयित्री प्रतिभा के प्रमुख रंग-स्थल रहे हैं। उनका आविर्भाव सर्वप्रथम एक कवि के रूप में हुआ। आरम्भ में उन्होंने ब्रज-भाषा में पारम्परिक छन्दों की रचना की, जो उनके प्रथम संग्रह

'चित्राधार' में संगृहीत हैं। इन रचनाओं में रीतिकाव्य के अवशेष के रूप में 'शृंगार' के कुछ चटकीले चित्र दिखाई देते हैं। धीरे-धीरे प्रसाद जी इन रूढ़ियों से मुक्त हो गये और भारतेन्दु तथा द्विवेदी मण्डल के नवजागरण से प्रेरित होकर खड़ीबोली कविता के साथ जुड़ गये। 'कानन कुसुम' उनकी कविताओं का एक ऐसा संग्रह है, जिसमें वे पूर्ववर्ती कथ्य-शिल्प से मुक्त होकर नयी रचना पद्धति की तलाश करते प्रतीत होते हैं। इसके पश्चात् उन्हें छायावाद की जो प्रशस्त भावभूमि प्राप्त हुई, उसका निरन्तर परिमार्जन करते हुए उन्होंने हिन्दी कविता को अपने उत्कर्ष बिन्दु पर पहुँचा दिया।

कविता के क्षेत्र में प्रसाद जी ने अनेक प्रकार के प्रयोग किये हैं। उन्होंने अधिकाधिक संख्या में गीत लिखे हैं, जो 'झरना' और 'लहर' के अतिरिक्त उनके नाटकों तक में भरे पड़े हैं। 'बीती विभावरी जागरी', 'ले चल वहाँ भुलावा देकर मेरे नाविक धीरे-धीरे' इसी प्रकार के प्रसिद्ध गीत हैं, जिन्हें हिन्दी गीति काव्य माला की मणि मुक्तावली कहा जाता है। 'कामायनी' का यह गीत 'तुमुल कोलाहल कलह में मैं हृदय की बात रे मन!' स्वयं में अतुलनीय है और इस प्रकार गीतकार के रूप में प्रसाद जी का महत्त्व भी अक्षुण्ण है। स्फुट गीतों के अतिरिक्त प्रसाद जी ने 'करुणालय' नाम का जो गीति नाट्य लिखा है, वह भी हिन्दी की एक ऐतिहासिक उपलब्धि है। वैदिक संस्कृति, यज्ञ-बलि और मानव-करुणा की कथा भूमि पर आधारित यह काव्य नाटक प्रसाद की उर्वर-प्रतिभा की उपज है। इसके पूर्व 'चित्राधार' में संकलित कई पद्य-कथाओं की वे रचना कर चुके थे, जिनमें उर्वशी (1909), बभ्रुवाहन (1911), प्रेमराज्य (1909), अयोध्या का उद्धार (1910), वन मिलन (1909) आदि स्मरणीय हैं। निष्कर्ष यह है कि काव्य और नाटक, कथा और काव्य में सामंजस्य स्थापित करने का उनका प्रयास आरम्भ से अन्त तक रहा। प्रगीतों के अतिरिक्त प्रबन्ध काव्यों में भी प्रसाद जी ने यथेष्ट सफलता अर्जित की है। उन्होंने 'आँसू' में मन की मुक्त अनुभूतियों को एक सूत्र में पिरोकर उसे एकार्थक मुक्तक अथवा भावात्मक खण्ड प्रबन्ध का रूप दे दिया। यह भी हिन्दी कविता के लिए एक विशिष्ट परिदान सिद्ध हुआ। आँसू में उनके मन की जो व्यथा-कथा मुखरित हुई है और व्यष्टि से समष्टि तक की वेदना का जो उदात्त

समाधान प्रस्तुत हुआ है, वह प्रसाद जी की प्रतिभा का उत्कृष्ट पुरस्कार है। आँसू की कुछ उक्तियाँ तो बहुत ही मार्मिक हैं, जैसे–

*'सुख दुःख में उठता गिरता संसार तिरोहित होगा।*
*मुड़कर न कभी देखेगा, किसका हित-अनहित होगा॥'*

अथवा यह उक्ति–

*'चुन-चुन ले रे कन-कन से जगती की सजग व्यथाएँ।*
*रह जायेंगी कहने को उन रंजन करी कथाएँ॥'*

इनमें चिन्तन है, दर्शन है, किन्तु सर्वोपरि हैं मन के उन्मुक्त उद्गार, जिसके कारण यह काव्य आज भी जन-जन का कण्ठहार बना हुआ है।

प्रसाद की कवि प्रतिभा यहीं तक सीमित नहीं रही। वे कालान्तर में लम्बी विचार-पूर्ण कविता की ओर अग्रसर होते हैं और 'लहर' में पहली बार ऐतिहासिक कथा सूत्रों के सहारे अतुकान्त छन्दों में लम्बी-लम्बी कविताएँ लिखते हैं, जिनमें 'प्रलय की छाया' और 'शेरसिंह का शस्त्र समर्पण' विशेष रूप से उल्लेखनीय हैं। धीरे-धीरे वे चिन्तन प्रधान महाप्रबन्ध अथवा महाकाव्य की ओर अग्रसर हुए, जिसका सुफल हिन्दी जगत को 'कामायनी' के रूप में प्राप्त हुआ है। 'कामायनी', स्वयं कवि के एक आत्म-कथ्य के अनुसार–'चेतना का सुन्दर इतिहास, अखिल मानव भावों का सत्य' है। इसमें हृदय बुद्धि, मन और विभिन्न मानवीय मनोवृत्तियों का मानवीकरण करते हुए रूपक-रचना के सहारे जीवन की शाश्वत समस्याओं का स्थायी समाधान जिस भाव-भाषा के साथ खोजा गया है, वह 'न भूतो न भविष्यति' कहा जायेगा। प्रलय से पुनः सृष्टि और सुदूर अनागत तक की यह मानव-गाथा प्रसाद की कवि-प्रतिभा तथा महा-मनीषा की पराकाष्ठा है। कवित्व तथा जीवन दर्शन, दोनों यहाँ अपने प्रकर्ष पर हैं।

निष्कर्ष यह है कि प्रबन्ध, मुक्तक और चम्पू प्रत्येक क्षेत्र पर प्रसाद जी की गहरी छाप पड़ी है। उन्होंने चिन्तन के क्षेत्र में बौद्धों की करुणा से लेकर शैवों के आनन्दवाद तक की सफल भाव-यात्रा की है। उनमें कहीं दर्द-ए-दिल दिखाई देता है तो कहीं बनारसी मस्ती। वे कहीं प्रेम-सौन्दर्य के चितेरे बन जाते हैं, कहीं महाचिति और 'भूमा' के गायक। उनके ही शब्दों में–

*'वैसे अभेद सागर में प्राणों का सृष्टि क्रम है।*
*सबमें घुल मिलकर रसमय रहता यह भाव परम है॥'*

कामायनीकार का विश्वास है कि यह विकास वैचित्र्य ही नवनिर्माण का हेतु है—

*'आनन्द उच्छलित शक्ति स्रोत जीवन विकास-वैचित्र्य भरा।*
*अपना नव-नव निर्माण किये रहता यह विश्व सदैव हरा॥'*
*'अपने सुख दुःख से पुलकित यह मूर्त विश्व सचराचर।*
*चिति का विराट वपु मंगल यह सत्य सतत चिर सुन्दर॥'*

वस्तुतः प्रसाद जैसे कवि मनीषी हिन्दी साहित्य में गिने-चुने ही हैं। उन्होंने जीवन जगत से सम्बन्धित प्रगाढ़ चिन्तन किया है और उसे काव्योपम बना दिया है। उनका काव्य अपनी रस पेशलता के कारण सबका उपजीव्य बन गया है। ऐसी बहुमुखी प्रतिभा और इस प्रकार की परिपुष्ट कला संचेतना के कारण प्रसाद का कृतिमय व्यक्तित्व सर्वथा तथा सदा सर्वदा वरेण्य है।

प्रसाद के काव्य की विशेषता है—उनकी छायांकन शैली। उन्होंने प्रायः बड़ी सूक्ष्म एवं सुदूरगामी उद्भावनाएँ प्रस्तुत की हैं। श्रद्धा की स्मिति का रूपांकन करते हुए वे कहते हैं—

*'उषा की पहली लेखा कान्त माधुरी से भीगी भर मोद।*
*मदभरी जैसे उठे सलज्ज भोर के तारक द्युति की गोद।*
*और पड़ती हो उस पर शुभ्र नवल मधुराका मन की साध,*
*हँसी का मद विह्वल प्रतिबिम्ब, मधुरिमा खेला सहश अबाध॥'*

इसमें एक लाजवन्ती कुलवधू का बिम्ब है, साथ ही श्रद्धा के अधरोष्ठ के बीच क्रमशः बढ़ती हुई स्मिति रेखा का भी। कवि कल्पना कर रहा है कि जैसे सबेरा होने पर प्रिय समागम से सन्तृप्त किन्तु लोक-लाज से सचेत होकर कोई नववधू प्रिय की गोदी से मुक्त होकर अपनी वेशभूषा को सुव्यवस्थित करती हुई, फिर भी पूरी मस्ती के साथ धीरे-धीरे उठती है उसी प्रकार नक्षत्र के प्रकाश-वृत्त से निकलकर चाँदनी से स्निग्ध सूर्य की प्रथम किरण प्रकट हुई है। वह 3 रंगों से रंगी हुई है—1. उषा की लालिमा से अर्थात् अधरों की लाली से, 2. प्रभातकालीन नक्षत्र की श्वेत आभा से अर्थात् दन्तावली की धवलता से और 3. चाँदनी के दूधिया प्रकाश से अर्थात् स्मिति के रंग से, जिसे काव्यशास्त्रीय परम्परा में दुग्धोज्ज्वल माना गया है।

कवि की कल्पना के अनुसार एक कोमलकान्त कलेवर जो मलयानिल द्वारा वाहित परागकणों के एक आकृति रूप में संघटित हो जाने पर निर्मित हुआ हो, उस पर जब बासन्ती पूर्णिमा की स्वच्छ चाँदनी भरपूर मात्रा में प्रतिबिम्बित होती है, तो बाहरी भीतरी दोनों ज्योतियों को देखकर ऐसा प्रतीत होता है, मानो चन्द्र ज्योत्स्ना अठखेलियाँ कर रही है और दूसरी ओर वह मकरन्द निर्मित काया हँसी के मारे लोट-पोट हुई जा रही है। इस प्रकार का सांगोपांग रूपक निर्मित कर पाना सहज नहीं है। इसमें अर्थ के अनेक आवर्त हैं। सचमुच, अद्‌भुत है यह उत्प्रेक्षा और बिम्ब विधान तथा दूरारूढ़ कल्पना पर आधारित यह सांग रूपक-रचना। इस प्रकार सिद्ध है कि प्रसाद का काव्य छायावाद की उत्कृष्ट उपलब्धि है।

प्रसाद जी की प्रतिभा का प्रसार विभिन्न विधाओं में और विभिन्न धाराओं में हुआ है। काव्य, नाटक, कहानी, उपन्यास, निबन्ध आदि उनकी भावयित्री प्रतिभा के प्रमुख रंग-स्थल रहे हैं। उनका आविर्भाव सर्वप्रथम एक पारम्परिक कवि के रूप में हुआ। आरम्भ में उन्होंने ब्रज-भाषा में पारम्परिक छन्दों की रचना की, जो उनके प्रसिद्ध संकलन चित्राधार में संगृहीत हैं। इन रचनाओं में रीतिकाल के अवशेष रूप में शृंगार के चटकीले चित्र दिखाई देते हैं। धीरे-धीरे वे इन रूढ़ियों से मुक्त हुए और भारतेन्दु युगीन तथा द्विवेदी युगीन नवजागरण से प्रेरित होकर खड़ीबोली कविता के साथ जुड़ गये। कानन कुसुम उनकी कविताओं का एक ऐसा संग्रह है, जिसमें वे द्विवेदी युगीन कथ्य-शिल्प से मुक्त होकर नयी रचना पद्धति की तलाश करते प्रतीत होते हैं। इसके पश्चात् उन्हें छायावाद की जो प्रशस्त भावभूमि प्राप्त हुई, उसका निरन्तर परिमार्जन करते हुए उन्होंने हिन्दी कविता को अपने उत्कर्ष बिन्दु पर पहुँचा दिया।

प्रसाद काव्य में चिन्तन भी है, दर्शन भी है, किन्तु सर्वोपरि हैं मन के उन्मुक्त उद्‌गार, जिनके कारण यह काव्य आज भी जन-जन का कण्ठहार है। प्रसाद की कवि प्रतिभा यहीं तक सीमित नहीं रही। वे कालक्रम में लम्बी विचार-पूर्ण कविता की ओर अग्रसर होते हैं और 'लहर' में पहली बार ऐतिहासिक कथा सूत्रों के सहारे अतुकान्त छन्दों में लम्बी-लम्बी कविताएँ लिखते हैं, जिनमें 'प्रलय की छाया' और 'शेर सिंह का शस्त्र समर्पण' विशेष रूप से उल्लेखनीय हैं।

धीरे-धीरे वे चिन्तन प्रधान महा प्रबन्ध अथवा महाकाव्य की ओर अग्रसर होते हैं, जिसका सुफल हमें 'कामायनी' के रूप में प्राप्त हुआ है। 'कामायनी' स्वयं कवि के एक आत्म-कथ्य के अनुसार, ''चेतना का सुन्दर इतिहास तथा अखिल मानव भावों का सत्य'' है। इसमें हृदय, बुद्धि, मन और विभिन्न मानवीय मनोवृत्तियों का मानवीकरण करते हुए रूपक रचना के सहारे जीवन की शाश्वत समस्याओं का स्थायी समाधान जिस भाव-भाषा के साथ खोजा गया है, वह 'न भूतो न भविष्यति' कहा जायेगा। प्रलय से पुनः सृष्टि और सुदूर अनागत तक की यह मानव विकास गाथा प्रसाद की कवि प्रतिभा तथा महामनीषा की पराकाष्ठा है। कवित्व तथा जीवन दर्शन, दोनों यहाँ अपने प्रकर्ष पर हैं। इसीलिए कामायनीकार का गौरव सदा सर्वथा अक्षय है। इस प्रकार सिद्ध है कि कवि रूप में प्रसाद की प्रतिभा निरन्तर बहुआयामी और बहुमुखी रही है।

नाटककार प्रसाद की देन कम महत्त्वपूर्ण नहीं है। उन्होंने अपने नाट्य प्रयोगों द्वारा हिन्दी नाटक को श्री समृद्ध किया है। उनकी रुचि भारतीय इतिहास के प्रेरक प्रसंगों में अधिक रमी है, इसीलिए उन्होंने राष्ट्रीय, सांस्कृतिक चेतना से प्रेरित होकर अपने नाटकों के माध्यम से भारतीय इतिहास का लगभग पुनर्लेखन ही कर डाला है। 'राज्यश्री', 'विशाख', 'अजातशत्रु', 'स्कन्दगुप्त', 'चन्द्रगुप्त' और 'ध्रुवस्वामिनी' उनकी राष्ट्रीय सांस्कृतिक अवधारणा की अमूल्य सम्पदा है।

पौराणिक कथानकों की ओर भी प्रसाद जी ने यथेष्ट दृष्टिपात किया है। 'जनमेजय का नागयज्ञ' पुराख्यान पर आधारित नाटक है। इसके अतिरिक्त 'चित्राधार' में संकलित छोटे-छोटे एकांकी इस कथन के पोषक हैं कि महाभारतकाल से लेकर मुगलकाल तक का कोई महत्त्वपूर्ण प्रकरण उनकी दृष्टि से ओझल नहीं रहा है। यही नहीं, प्रसाद जी ने पहले-पहल 'कामना' नाम का प्रतीकात्मक नाटक लिखा, जिसे 'कामायनी' की पूर्व पृष्ठभूमि कहना न्यायोचित होगा। कंचन और कादम्ब का प्रचारक पाश्चात्य युवक विलास रानी कामना को दिग्भ्रमित करके द्वीप निवासिनी तारा की सन्तानों अर्थात् भोली-भाली भारतीय जनता को किस प्रकार जीवन संघर्ष में उलझा देता है, इसकी व्यथा-कथा इस नाटक का मूलाधार है।

प्रसाद जी ने 'ध्रुवस्वामिनी' के रूप में हिन्दी में 'समस्या नाटक' की नींव डाली है। एक क्लीव-कापुरुष की विवाहिता का पुनर्लग्न स्त्री मुक्ति आन्दोलन का प्रस्थान बिन्दु माना जायेगा। एकांकी के क्षेत्र में प्रसाद जी के 'एक घूँट' का योगदान असंदिग्ध रूप में महत्त्वपूर्ण कहा जायेगा। प्रसाद जी ने संस्कृत नाट्य-शास्त्र-परम्परा में विशिष्ट योगदान करते हुए काव्य और नाटक को एकाकार कर दिया है। उनके नाटक मंचीय होने के साथ-साथ पाठ्य और श्रव्य भी हैं। उन्होंने भारोपीय नाट्य परम्पराओं का सामंजस्य करते हुए सघन संवेदना और तीव्र अन्तर्द्वन्द्व के बीच सुखान्त से भिन्न जिस प्रसादान्त पद्धति का विस्तार किया है, वह आज भी अनुकरणीय है।

कथा-साहित्य के क्षेत्र में प्रसाद जी की प्रतिभा बहुवस्तुस्पर्शिनी रही है। उन्होंने हिन्दी कहानी को नयी भाषा और नयी व्यंजना दी है। 'प्रतिध्वनि', 'छाया', 'आँधी', 'इन्द्रजाल' और 'आकाशदीप' में संकलित उनकी कहानियाँ, उनके कथ्य और शिल्प की विविधता की परिचायक हैं। उन्होंने 'प्रलय' जैसी प्रतीकात्मक कहानी लिखी है, 'मधुवा' जैसी यथार्थवादी कहानी की रचना की है, 'देवरथ', 'सालवती', 'ममता', 'नूरी' जैसी ऐतिहासिक कहानियाँ लिखी हैं तो इन्हीं के साथ-साथ 'पुरस्कार' 'आकाशदीप', 'स्वर्ग के खण्डहर', 'चित्र वाले पत्थर' जैसी छायावादी कहानियाँ लिखी हैं। प्रसाद की इन कहानियों की अपनी विशेषताएँ हैं। इसलिए इस कथाधारा को 'प्रसाद-स्कूल' की संज्ञा दी गयी है।

कुछ यही स्थिति प्रसाद जी के उपन्यासों की है। उन्होंने तीन उपन्यासों की रचना की। 'कंकाल' यथार्थवादी कलाकृति है। ऐसा यथार्थ, जिसके सामने शरदचन्द्र और प्रेमचन्द भी फीके पड़ गये हैं। 'कंकाल' तो भारतीय समाज का ही कंकाल बन गया है, जिसमें हर पात्र जारज है, हर व्यक्ति भ्रष्ट है और हर व्यवस्था ध्वंसोन्मुख है। प्रसाद को प्रेमचन्द ने 'गड़े मुर्दे उखाड़ने वाला', अतीतजीवी, रोमाण्टिक और कल्पनाजीवी कह दिया था, जिसका करारा जवाब इस उपन्यास में दिया गया है। किन्तु घिनौना यथार्थ ही प्रसाद का साध्य नहीं रहा है। उनके सामने एक आदर्श था, स्वर्णिम अतीत एवं मंगलमय भविष्य का आदर्श। इसकी मनोमयी अवतारणा उन्होंने 'तितली' नामक उपन्यास में की है। 'तितली' में उन्होंने वैश्विक स्तर

पर सामाजिक जन जागरण और ग्रामीण पुनर्रचना का स्वप्न देखा है। यहाँ 'कंकाल' का जैसा निषेध नहीं है, बल्कि विधेयवादी स्वर है और फिर इरावती! प्रसाद की वही प्रिय ऐतिहासिक पृष्ठभूमि। इस कामना के साथ कि "दुःख का अन्धकार नटराज के अग्निताण्डव से जल रहा है। आत्म प्रतारणा के विस्मृत विद्युत्कण! अपने प्रकाश में चमक उठो!" बौद्ध कालीन भारत की कथा से सम्बद्ध 'अग्निमित्र' नाटक और 'इरावती' उपन्यास, ये दोनों आनन्दवादी प्रसाद की प्रौढ़, किन्तु अधूरी कृतियाँ हैं।

रचनात्मक साहित्य के साथ-साथ चिन्तन-मनन पूर्ण शास्त्र लेखन में भी प्रसाद जी की प्रवृत्ति रमी है। उन्होंने ऐतिहासिक नाटकों में लम्बी-लम्बी भूमिकाएँ लिखी हैं। विभिन्न स्रोतों से प्राप्त प्रमाणों द्वारा उन्होंने एक सन्तुलित राष्ट्रीय इतिहास की रूपरेखा बनायी है। 'काव्य और कला तथा अन्य निबन्ध' नामक संग्रह में उन्होंने विभिन्न साहित्यिक विषयों पर लेख लिखे हैं। विशेष रूप से रस शास्त्र, नाट्य शास्त्र, रंगमंच और काव्य-कला पर उन्होंने कई मौलिक विचार व्यक्त किये हैं। उनकी सैद्धान्तिक स्पर्धा मुख्यतः डॉ. श्यामसुन्दर दास और आचार्य रामचन्द्र शुक्ल से दिखाई देती है। प्रसाद जी ने काव्य तत्त्व की जो परिभाषा की है, वह आज भी सैकड़ों परिभाषाओं के बीच सर्वाधिक महत्त्वपूर्ण प्रतीत होती है। उनके शब्दों में "काव्य आत्मा की संकल्पात्मक अनुभूति है, जिसका सम्बन्ध विज्ञान, विकल्प और विश्लेषण से नहीं है। वह एक श्रेयमयी प्रेय रचनात्मक ज्ञानधारा है। निश्चय ही साहित्य शास्त्र के बड़े गूढ़ सूत्र इसमें समाहित हैं।"

तात्पर्य यह है कि गद्य, पद्य और चम्पू—प्रत्येक क्षेत्र पर प्रसाद जी की गहरी छाप पड़ी है। उन्होंने चिन्तन के क्षेत्र में बौद्धों की करुणा से लेकर शैवों के आनन्दवाद तक की सफल भाव-यात्रा की है। उनमें कहीं दर्द-ए-दिल दिखाई देता है तो कहीं बनारसी मस्ती। वे कहीं प्रेम-सौन्दर्य के चितेरे बन जाते हैं, कहीं महाचिति और 'भूमा' के गायक। उनके ही शब्दों में—

*वैसे अभेद सागर में प्राणों का सृष्टि क्रम है।*
*सबमें घुल मिलकर रसमय रहता यह भाव परम है॥*

कामायनीकार का विश्वास है कि यह विकास वैचित्र्य ही नव निर्माण का हेतु है—

*'आनन्द उच्छलित शक्ति स्रोत जीवन विकास-वैचित्र्य भरा।*
*अपना नव-नव निर्माण किये रहता यह विश्व सदैव हरा।'*
*'अपने सुख दुःख से पुलकित यह मूर्त विश्व सचराचर।*
*चिति का विराट वपु-मंगल यह सत्य सतत चिर सुन्दर।'*

प्रसाद जी ने अपने स्वल्प जीवन काल में हिन्दी जगत को बहुत दिया। उन्होंने हर विधा में लिखा। काव्य में छायावाद का प्रवर्तन, कहानी में एक विशिष्ट धारा का उद्रेक, नाटक में एकांकी, समस्या नाटक/तथा पाठ्यनाटक का प्रयोग, काव्यशास्त्र में रस का नव्य चिन्तन, गद्य विधाओं में फैण्टसी, गद्यकाव्य आदि का आविष्कार करके उन्होंने ऐतिहासिक भूमिका निभायी है। इसी के साथ कामतत्त्व, श्रद्धावाद और आनन्द की व्याख्या करके प्रेमराज्य, आनन्दनगर, विवेक राज्य से गुजरते हुए आनन्द लोक की जो दिशा-दृष्टि उन्होंने दी है, वह उनका सर्वथा अपूर्व प्रदेय है।

निष्कर्ष यह कि प्रसाद जैसे महामनीषी हिन्दी साहित्य में गिने-चुने ही हैं। उन्होंने जीवन जगत से सम्बन्धित प्रगाढ़ चिन्तन किया है और उसे काव्योपम बना दिया है। उनका गद्य अपनी रस पेशलता के कारण गद्य-काव्य जैसा बन गया है। यों 'छाया' और 'प्रतिध्वनि' में संकलित रचनाओं द्वारा उन्होंने हिन्दी गद्य-काव्य का भी प्रवर्तन किया है। ऐसी बहुमुखी प्रतिभा और इस प्रकार की परिपुष्ट कला संचेतना के कारण प्रसाद का कृतिमय व्यक्तित्व सर्वथा वरेण्य है।

हिन्दी में कवि तो बहुत हुए हैं और मनीषी भी बहुत हुए हैं, पर कविर्मनीषी मेरी दृष्टि में मुख्य रूप से दो ही हैं—गोस्वामी तुलसीदास और महाकवि प्रसाद। गोस्वामी जी ने महत्तर मानवीय मूल्यों की प्रतिष्ठा की है। उनके चिन्तन में बड़ा घनत्व है, किन्तु वह देशकाल की सीमा से आबद्ध है। प्रसाद के चिनतन की सबसे बड़ी विशेषता यह है कि उसमें चेतना का निरवधि गहन विस्तार है। वह युग सापेक्ष होकर भी देशकाल का अतिक्रमण कर गया है, इसलिए आसृष्टि उनके कालातीत होने का ख़तरा नहीं है। कवि ने अपने दिक्काल बोध को स्वर देते हुए एक प्रसंग में कहा है—

*'देश कल्पना काल परिधि में होती लय है*
*काल खोजता महाचेतना में निज क्षय है।'*

वस्तुतः उनकी युगचेतना महाचेतना में एकाकार हो गयी है।

यह युग युगीन और सार्वभौमिक बोध ही एक रचनाकार की आयु अर्थात् उसकी सन्दर्भ सापेक्षता का निर्धारण करता है, न कि कोरा काव्यकला कौतुक। प्रसाद का लेखन और चिन्तन बहुआयामी है। वे हिन्दी के एकमात्र ऐसे रचनाकार हैं, जिन्होंने काव्य, नाटक, कहानी, उपन्यास, निबन्ध, आलोचना आदि विभिन्न गद्य-पद्यात्मक विधाओं में प्रायः समान गति एवं स्थिति प्रदर्शित की है। आज असन्दिग्ध रूप से यह कह पाना कठिन है कि प्रसाद मुख्यतः कवि हैं, नाटककार हैं, कथाकार हैं या विचारक आलोचक हैं? उनका चिन्तन भी बहुस्तरीय है। वे इतिहासकार हैं। इतिहास उनकी प्रिय रंगस्थली है। उन्होंने प्राचीन महाकाव्यों, पुराणों और आकर ग्रन्थों का अनुशीलन करके एक स्वतन्त्र राष्ट्रीय इतिहास की रूपरेखा स्थिर की थी और विदेशियों के दुराग्रही (कूट) तर्कों पर आधारित इतिहास को अस्वीकार करके उसका संस्कार करके समूचे भारतीय इतिहास के पुनर्लेखन का अभियान चलाया था। उनका प्रखर इतिहास बोध प्रारम्भ होता है महाभारत काल से जिसे पौराणिक विचारधारा के अनुसार कलियुग का आरम्भ कहा जाता है। इतिहासकार इसे प्रागैतिहासिक काल नाम देकर झुठला देते हैं। प्रसाद जी ने 'जनमेजय का नागयज्ञ' द्वारा इस युग के आर्य एवं आर्येतर संघर्ष को चित्रित किया। इसी प्रकार उन्होंने 'अजातशत्रु' में बौद्ध युग का, 'चन्द्रगुप्त', 'कल्याणी परिणय' में मौर्यकाल का, 'स्कन्दगुप्त', 'ध्रुवस्वामिनी' में गुप्तकाल का, 'राज्यश्री' में हर्षवर्द्धन युग का, 'अग्निमित्र'-'इरावती' में शुंग-मित्र वंश का, 'प्रायश्चित्त' में मुगलकाल का, और 'कामना' में ब्रिटिशकाल का दिग्दर्शन कराया है, किन्तु इस अतिशय इतिहास बोध के बावजूद वे अतीतजीवी नहीं बने और विगत की सीमाओं को लाँघ करके आगत-अनागत की ओर अभिमुख हुए।

प्रसाद के रचना-संसार में उन दिनों सामाजिक यथार्थ की धूम थी। यथार्थ अर्थात् 'लघुता की ओर दृष्टिपात'। उन्होंने समकालीन जीवन को निकट से देखा-परखा था, अतः 'इतिहास रस' के रोमाण्टिक माहौल से विरक्त होकर वे यथार्थ की ओर मुड़े। 'कंकाल' उनके इसी कटु यथार्थ बोध की देन है। यहाँ हर पत्र जारज, हर व्यक्ति वर्ण संकर और हर व्यवस्था भ्रष्ट है। यह वस्तुतः भारतीय समाज का कंकाल ही है। इस उपन्यास के बेलौस वर्णन को पढ़कर और

'गड़े मुर्दे उखाड़ने' का आरोप करने वाले समकालीन लेखक भी चमत्कृत हो उठे थे। आज भी सम्भवतः 'कंकाल' जैसा नग्न यथार्थ पूरित उपन्यास हिन्दी में दूसरा नहीं है।

कालान्तर में प्रसाद का चिन्तन फिर मोड़ लेता है। वह युग था—राजनीति की दृष्टि से—गाँधी का युग। जनमानस में रामराज्य की मनोमयी कल्पना थी। प्रसाद जी ने उसी स्वप्न से प्रेरित होकर 'तितली' में आदर्श ग्रामीण व्यवस्था का पुनर्निर्माण किया और सामाजिक संरचना पर पुनर्विचार भी। नारी जीवन की यहाँ दूसरी ही छवि उभरी। प्रसाद साहित्य का यह समाजशास्त्र निस्सन्देह बड़ा सुचिन्त्य है। विगत-आगत का यह अन्तर्मन्थन करके भी प्रसाद जी की चिन्तन गति मन्द नहीं हुई। उन्होंने मानव के भवितव्य की ओर दृष्टि दौड़ाई। मानव का गन्तव्य क्या है? उसके अभिशप्त और सन्तप्त जीवन का हेतु क्या है? तथा उसका निदान-समाधान क्या है? यह बड़ा गूढ़ और गहन प्रश्न था। युग-युग से चिन्तक इसी से जूझ रहे हैं। प्रसाद ने पुनः सृष्टि से प्रलय पर्यन्त मानव की जीवन यात्रा की कल्प कथा पर विचार किया। पुराणों और उपनिषदों का अवगाहन करते हुए उन्हें एक रूपक मिला—मनु-श्रद्धा-इड़ा का। उन्हें प्रतीत हुआ, इसमें अनेक मनोवैज्ञानिक सूत्र हैं। मनु अर्थात् मन उसके दो पक्ष—श्रद्धा (हृदय), इड़ा (बुद्धि)। इसे कवि ने 'मानवता के मनोवैज्ञानिक इतिहास' का चित्र फलक बनाया और कामायनी महाकाव्य की रचना की। इस कल्पकृति में, स्वयं कवि के ही शब्दों में—'चेतना का सुन्दर इतिहास
अखिल मानव भावों का सत्य' है। मनु 'चिर किशोर वय नित्य बिलासी' देव जाति का अन्तिम पुरुष है। प्रकृति से परास्त होकर अपनी आहत अहन्ता से क्षुब्ध 'मौननाश विध्वंस अँधेरा' का आह्वान कर रहा है। वह मृत्युकामी बन गया है। कालक्रम में उसका अस्तित्व संकट कुछ शमित होता है। मन में जिजीविषा जाग्रत होती है, किन्तु निर्लक्ष्य। तभी उसका साक्षात्कार श्रद्धा से होता है। वह जीवनास्था का संचार करती है। उसे प्राकृतिक परिवर्तन के नियमन से अवगत कराती है, 'कर्म का भोग' और 'भोग का कर्म' समझाकर संसृति-वृद्धि हेतु उसे प्रेरित करती है। मनु पुनः जीवन में उतरता है, किन्तु अतिवादी होने के कारण जीवन में सन्तुलन नहीं

स्थापित कर पाता। किलाताकुलि (आत्मतमस) से प्रेरित होकर वह पुनः हिंसा, सोमपान, भोग अर्थात् दुष्कर्मों में प्रवृत्त हो जाता है। अपने असामंजस्य (मॉल एडजस्टमेंट) के कारण उसमें प्रभुत्व-दर्प जाग उठता है। वह दृप्त अहंकार से पीड़ित होकर श्रद्धा के मातृत्व तक को सहन नहीं कर पाता और कहता है–

'यह द्वैत, अरे यह द्विविधा तो है प्रेम बाँटने का प्रकार'। वह अपने ममत्व की चाहना करता है, ताकि श्रद्धा के पंचभूत पर उसका ही एकाधिकार रहे। श्रद्धा उज्ज्वल नवमानवता का सन्देश देती हुई उसे भरसक समझाती है–

*'अपने में सब कुछ भर कैसे व्यक्ति विकास करेगा।*
*यह एकान्त स्वार्थ भीषण है, अपना नाश करेगा।*
*औरों को हँसते देखो मनु, हँसो और सुख पाओ।*
*अपने सुख को विस्तृत कर लो, सबको सुखी बनाओ॥'*

किन्तु नारी के मातृत्व से ईर्ष्यान्ध मनु आसन्न प्रसवा श्रद्धा का परित्याग करके चला जाता है–सारस्वत प्रदेश, जहाँ वह रानी इड़ा के निर्देशानुसार औद्योगीकरण करता है, वर्णाश्रम का नियमन करता है। किन्तु तो भी उसकी लिप्सा तृप्त नहीं होती। अस्तु, वह अपनी ही प्रजा इड़ा पर बलात अधिकार करने की चेष्टा करता है। तभी भौतिक हलचल से क्षुब्ध प्रजा विद्रोह कर देती है, प्रकृति में प्रकोप होता है और मनु आहत (मरणासन्न) हो जाता है। श्रद्धा के स्नेहोपचार से उसे पुनः प्रबोध होता है और वह निर्वेद ग्रस्त होकर पलायन करता है। श्रद्धा उसे खोज निकालती है और इस भुक्तभोगी थके हारे यात्री को जीवन रहस्यों से परिचित कराती है। वह कहती है–तुम्हारा जीवन दुःखी है, इसलिए कि तुम्हारी अन्तर्वृत्तियों में सामरस्य नहीं है। वह अन्तरिक्ष का सूक्ष्म अन्तर्दर्शन कराती हुई कहती है कि आकाश के इन तीन गोलकों की तरह मानव जीवन भी त्रिधा विभक्त है। वह जिस त्रिकोण पर स्थित है, उसमें सामंजस्य नहीं है–

*'ज्ञान दूर कुछ क्रिया भिन्न है, इच्छा क्यों पूरी हो मन की।*
*एक दूसरे से न मिल सके, यह विडम्बना है जीवन की।'*

'त्रिपुर रहस्य' बताती हुई वह कहती है कि उनमें अरुण वर्ण का नक्षत्र है–भावलोक या इच्छा वृत्ति। इस स्तर पर व्यक्ति केवल

'रागारुण चेतना की उपासना' करता है। इच्छा ज्ञान प्रेरित न होकर दुराशा-दुरभिलाषा बन जाती है और कर्म प्रेरित न होने से कुण्ठा को जन्म देती है। दूसरा कृष्ण वर्ण का नक्षत्र है–कर्मलोक। यह आज का 'अतिभीषण कर्म जगत' है। यहाँ तो–

*'श्रममय कोलाहल पीड़नमय, विकल प्रवर्तन महा यन्त्र का।*
*क्षण भर भी विश्राम नहीं है, प्राण दास है क्रिया तन्त्र का।*
*यहाँ सतत संघर्ष, विफलता, कोलाहल का यहाँ राज है।*
*अन्धकार में दौड़ लग रही, मतवाला सा सब समाज है॥'*

यह कर्म भाव प्रेरित न होने के कारण अमानुषिक होता जा रहा है और ज्ञान वंचित होने से आततायी। अन्तरिक्ष के तीसरे श्वेत गोलक की ओर अंगुलि-निर्देश करती हुई वह कहती है कि यह जीवन का ज्ञान लोक है, जहाँ निष्ठुर न्याय है, निर्मम नियमन है, निरीह आत्मवंचना है और नीरस तत्त्वबोध है–

*'यहाँ अछूत रहा जीवन रस, छूओ मत, संचित होने दो।*
*बस इतना ही भाग्य तुम्हारा, तृषा मृषा, वंचित होने दो।'*

ज्ञानी अभेद एवं अद्वैत की चर्चा करता है, पर उसकी विचारक-विभाजन मूला बुद्धि वर्गभेद को बढ़ावा दे रही है और समष्टिमूलक ज्ञान को विभिन्न शास्त्रों के रूप में खण्ड-खण्ड किये जा रही है। यह विषमता है। इस पर 'नित्यसमरसता' का अधिकार होना चाहिए। शक्ति के व्यस्त-विकल-बिखरे विद्युत्कणों के समन्वय द्वारा ही मानवता का सार्वकालिक कल्याण सम्भव है। श्रद्धा तत्त्व इन सबको एक कर देता है और फिर मनु अन्नमय कोष से उन्नीत होकर आनन्दमय कोष में पहुँच जाता है। जहाँ सुख-दुःख निरतिशय आनन्द (सामरस्य) में परिणत हो जाते हैं। प्रसाद के शब्दों में–

*'शापित न यहाँ है कोई, तापित प्राणी न यहाँ है।*
*जीवन वसुधा समतल है, समरस है जो कि जहाँ है।'*

यह चिन्मय आनन्द ही मानव का परम प्राप्य है। दार्शनिक, मनोवेत्ताओं और कलाकारों ने इसे समाहित करने का यत्न किया है, पर 'कामायनी' का सा समाधान सबसे विरल है, क्योंकि इसमें बौद्धों की करुणा, रीतिकालीन रसिकता और बनारसी मस्ती का एकत्र परिपाक है।

प्रसाद के इस रूपक का मर्मबोध न कर पाने के कारण कुछ

आलोचक इसे 'फैण्टेसी' और पलायन कहकर टाल देते हैं। वे भूल जाते हैं कि यह आनन्द लोक अपने भीतर ही है। प्रसाद ने इसकी कई बार मनः कल्पना की है। उनका यूटोपियाई मानस 'चित्राधार' में जिस 'प्रेमराज्य' की स्थापना करता है, 'प्रेमपथिक' में जो 'आनन्दनगर' बसाता है, 'कामना' में जिस 'विवेकराज्य' की नींव डालता है, वे 'कामायनी' के 'आनन्द लोक' के पूर्वाभ्यास ही हैं। मनु-श्रद्धा प्रेमी युगल रूप में यहीं स्थिर होकर 'संसृति की सेवा' करते हैं। फिर पलायन कहाँ? वस्तुतः अपने सहवर्ती युग-यथार्थ से बद्ध दृष्टि इस अति यथार्थवादी (मंगलाशापूर्ण) भावी परिणति को सहजतः नहीं समझ सकती। मानव-यात्रा के कई युग आगे की स्थिति है यह। अभी तो हम 'संघर्ष सर्ग' की यान्त्रिक सभ्यता में जी रहे हैं। इसके बाद आयेगा 'निर्वेद' (सिविल फ्रस्ट्रेशन)। भौतिकता से त्रस्त पाश्चात्य देशों—अमेरिका, फ्रांस आदि में ये लक्षण उभरने लगे हैं। वहाँ के कोट्याधीशों की सन्तान हिप्पी बनकर अध्यात्म की ओर भाग रही है। विकासवादियों, विशेषकर हर्बर्ट स्पेन्सर का मत है कि आत्यन्तिक भौतिकवाद की प्रतिक्रिया और परिणति अध्यात्म रूप में होगी। महर्षि अरविन्द ने भी सोपानवाद द्वारा आध्यात्मीकरण की पुष्टि की है। कामायनी में इसका पूर्व संकेत है। इस त्रिकाल स्पर्शी फलक के कारण कामायनी एक कल्पकृति बन गयी है और प्रसाद एक कालजयी कविर्मनीषी। अस्तु, उनकी प्रासंगिकता तो कल्पान्त तक सुरक्षित है।

**2. सूर्यकान्त त्रिपाठी 'निराला' (1896-1961) :** महाप्राण निराला हिन्दी काव्य के शलाका पुरुष है। सम्प्रति वे प्रचण्ड विद्रोह, उद्दाम प्रेम-सौन्दर्य और उदात्त युग जीवन दर्शन के आदर्श बने हुए हैं। निराला जी का जन्म मेदिनीपुर, महिषादल (बंगाल) में 1896 ई. में हुआ था। यों, मूल निवासी वे गढ़कोला ज़िला उन्नाव के थे। जीवन की परिस्थितियों से जूझते हुए वे साहित्य सेवा में प्रविष्ट हुए और छायावाद के एक स्तम्भ सिद्ध हुए। उनकी प्रमुख रचनाओं में—'अनामिका' (1923), 'परिमल' (1930), 'तुलसीदास' (1938), 'गीतिका' (1936), 'अणिमा', 'अर्चना', 'आराधना', 'गीतगुंज', 'कुकुरमुत्ता', 'बेला', 'नये पत्ते' और 'सान्ध्यकाकली' चिरस्मरणीय हैं। छायावाद के इतिहास में निराला जी महाप्राण भाषा और मुक्त

छन्द के सन्दर्भ में युग-युग तक याद किये जायेंगे। उन्होंने कहानी, उपन्यास, निबन्ध और साहित्यिक पत्रकारिता के क्षेत्र में महत्त्वपूर्ण योगदान किया है। उनके प्रमुख कार्यक्षेत्र रहे हैं—कलकत्ता, लखनऊ, बैसवारा और प्रयाग। उनका भौतिक अस्तित्व यद्यपि अक्टूबर, 1961 में नहीं रहा, फिर भी वे चिरन्तन कवि कर्म के प्रतीक हैं।

निराला का व्यक्तित्व-विकास अनेक अन्तर्विरोधी तत्त्वों के द्वारा हुआ। उसमें अनेक ध्रुवान्त दिखाई देते हैं। यह सुविदित है कि 'निराला' का प्रारम्भिक जीवन बंगीय परिवेश में बीता था, इसलिए अपने कवि-जीवन के प्रथम चरण में वे प्रेम, सौन्दर्य दर्शन एवं प्रकृति-चित्रण की ओर विशेष झुके हुए दिखाई देते हैं। उनकी अनेक कविताएँ (जैसे—'जुही की कली', 'प्रेयसी', 'रेखा', 'पंचवटी प्रसंग', 'सन्ध्या सुन्दरी', 'शेफालिका', 'मौन रही हार', 'प्रिय यामिनी जागी', 'सखि बसन्त आया' आदि) इसी मनोभूमि से प्रेरित रही हैं। 'निराला' जी के आरम्भिक कथा-साहित्य में भी यही विषयवस्तु मुख्य रूप से मुखरित हुई है। इसी दौर में निराला जी रहस्य, रोमांच की ओर अग्रसर होते दिखाई देते हैं। यह उल्लेखनीय है कि उन्होंने कुछ आरम्भिक रचनाएँ बांग्ला भाषा में लिखी थीं। उन पर गुरुदेव रवीन्द्रनाथ का गहरा प्रभाव था। निराला का यह प्रथम विकास चरण छायावादी काव्यधारा के साथ लगभग दो दशकों तक विकसित होता रहा है। इस बीच निराला जी छायावाद के शिखर पर पहुँचते दिखाई देते हैं। उन्होंने अपनी रागचेतना का जो उदात्तीकरण किया, वह छायावाद का वैशिष्ट्य है। इस दृष्टि से 'सरोज स्मृति', 'गीतिका', 'तुलसीदास', 'राम की शक्तिपूजा' (अनामिका) आदि रचनाएँ अग्रगण्य हैं।

निराला की काव्ययात्रा का दूसरा मोड़ है—अध्यात्म-दर्शन की ओर। 'पंचवटी प्रसंग' में उन्होंने जीव-जगत, माया को लेकर श्रेष्ठ संवाद प्रस्तुत किये हैं। 'गीतिका' तथा 'परिमल' में रहस्य, अध्यात्म एवं दर्शन से सम्बन्धित अनेक रचनाएँ हैं, जैसे—'अधिवास', 'तुम और मैं', 'कौन तम के पार', 'पास ही रे हीरे की खान', 'मुझे जाना है जग के पार', 'दे मैं करूँ वरण' आदि। इस अवधि में 'निराला' पर रामकृष्ण परमहंस तथा स्वामी विवेकानन्द के अद्वैत वेदान्त का गहरा प्रभाव दिखाई देता है। 'समन्वय' का सम्पादन करते हुए उन्होंने

वेदान्त को भरसक आत्मसात किया था। शाक्त एवं योगदर्शन में गहरी पैठ थी उनकी। 'राम की शक्तिपूजा' में अष्टांग योग की जो प्रक्रिया उन्होंने प्रस्तुत की है, वह मात्र पुस्तकीय ही नहीं है, बल्कि निराला जी की स्वानुभूति की उपज है। इस दृष्टि से उनकी कहानी 'स्वामी माधवानन्द जी महाराज और मैं' भी अवलोकनीय है।

अध्यात्म का आधुनिकीकरण और नवजागरण निराला की विशिष्ट देन है। 'तुलसीदास' नामक काव्य में वे गोस्वामी जी के अन्तर्द्वन्द्व के माध्यम से समकालीन देशकाल और अपने गन्तव्य को लेकर जो द्वन्द्वात्मक तर्क-वितर्क करते हैं, वह निःसन्देह उनके मीमांसक व्यक्तित्व की देन है। वे उस दौर में स्वयं को 'अभिनव विवेकानन्द' जैसा अनुभव करने लगे हैं। परमहंस के तो वे 'मानस पुत्र' थे ही। विवेकानन्द के 'नववेदान्त' और दरिद्रनारायण की परिकल्पना से निराला जी अत्यधिक प्रभावित थे। उनकी प्रसिद्ध कविता 'महाराज शिवाजी का पत्र' राष्ट्रीयता की उपज है। उनके द्वारा अनूदित 'रामकृष्ण वचनामृत', 'भारत में विवेकानन्द' जैसे ग्रन्थ भी इस कथन के प्रमाण हैं।

व्यक्तित्व-विकास का तृतीय चरण है—'मुखर विद्रोह'। निराला जी जड़ सामाजिकता से असहमत होकर और नयी सुधारवादी ऊर्जा धारण करके इस अवधि की कविताओं में नवजागरण को स्वर देते हैं। उनका ध्वंस भी नव निर्माण के लिए है। कवि लिखता है—'तोड़ो-तोड़ो कारा, निकले फिर गंगा जल धारा।'

विद्रोह की ओर उन्मुख उनका मन एक विशेष प्रकार की निर्भीकता एवं निश्चिन्तता का आश्रय लेता है। वे कह उठते हैं—'जीवन की तरी खोल दे रे, जग की उत्ताल तरंगों में'। 'धारा' कविता में भी वे मुक्त प्रवाह का समर्थन करते हैं। 'बादल राग' के विभिन्न खण्डों में उन्होंने जिस बादल की बार-बार रूप रचना की है, वह है विद्रोही, जनविप्लवकारी मन्द्र मेघ स्वर वाला बादल। 'जागो फिर एक बार' नामक कविता में निराला जी ने इसी भाव से 'सत श्री अकाल' का जयघोष किया है और सन्त योद्धा सिखगुरु का आह्वान किया है। एक कविता में उन्होंने महाकाली का आह्वान करते हुए सर्व-संहार की प्रार्थना की है—'एक बार बस और नाच तू श्यामा'। यद्यपि इसके मूल रचयिता स्वामी विवेकानन्द जी हैं, किन्तु

उसके रूपान्तरण में निराला जी की अपनी अन्तर्ध्वनि मुखरित हुई है।

विद्रोह की इस उमंग के पीछे निराला का बैसवारी तेवर सक्रिय रहा है। इस बीच वे सामाजिक एवं आर्थिक विसंगतियों से क्षुब्ध रहे हैं। फलतः वे अभिजात को ललकारते हैं और उसके स्थान पर 'लघु मानव' की प्रतिष्ठा करते हैं। इसका प्रथम प्रयोग है—'कुकुरमुत्ता', जिसमें तथाकथित कुलीनता के प्रतीक गुलाब को धिक्कारता हुआ कुकुरमुत्ता कहता है—'तू नहीं मैं ही बड़ा'। इस दौर में निराला जी ने 'कुल्ली भाट', 'चतुरी चमार', 'बिल्लेसुर बकरिहा' और 'चमेली' जैसे पात्र दिये। इस बीच उन्होंने 'निरुपमा' में कुमार, 'अलका' में शोभा, 'प्रभावती' में प्रभा व यमुना, 'सुकुल की बीबी' में पुखराज आदि पात्रों की रचना की। इसी प्रवाह में उन्होंने मुक्त छन्द अर्थात् कविता की मुक्ति का अभियान चलाया। 'मतवाला' के सम्पादन काल में उन्होंने नये युग-बोध से सम्बन्धित रचनाएँ लिखीं, जैसे—'भिक्षुक', 'विधवा' आदि। लखनऊ तथा गढ़कोला के बीच जीवन-यापन करते हुए उन्होंने जो जीवन जिया, उसकी सहज परिणति इस बीच रचित साहित्य में दिखाई देती है। उन्होंने 'बेला' में नयी शैली की ग़ज़लें लिखीं। सर्वहारा के जीवन के प्रति विशेष प्रकार की आसक्ति उनके मन में इस बीच पैदा हुई। वे आज़ादी की लड़ाई से जुड़े। गढ़ाकोला के किसान आन्दोलन को समर्थन उन्होंने दिया। रवीन्द्रनाथ का विरोध करते हुए उन्होंने गाँधी जी के 'चरखा' आन्दोलन का अनुमोदन किया। इस अवधि की कविताओं में किसान-जीवन की गहरी छाप है। 'देवी सरस्वती' इसका उत्कृष्टतम उदाहरण है। इसमें पूरे अंचल को माँ भारतीया के विराट विग्रह में रूपान्तरित किया गया है। निराला जी अवध की ग्रामीण व्यवस्था के प्रति यहाँ लालायित दिखते हैं। उनकी एक प्रसिद्ध कविता है—'बहुत दिनों बाद खुला आसमान'। इसमें दुर्दिन के बीच दिखने वाली ग्रामीणों की गतिविधि के अनेक जीवन्त दृश्य हैं। ऐसी ही अनेक मंगलाशाएँ 'जल्द जल्द चलो, कदम बढ़ाओ' में मुखरित हुई हैं। कई कविताओं में निराला जी के हास्य-व्यंग्य की झलक मिलती है। कहीं-कहीं उसकी परिणति वेदना के स्तर पर भी हुई है। वह कहीं लोक-संवेदना बनकर उभरी है, कहीं आत्म-वेदना बनकर। निराला को जब-जहाँ सामाजिक अन्याय, शोषण तथा उत्पीड़न दिखाई पड़ता है, वे वेदना-विह्वल हो उठते हैं।

पहले वे गाँधीवादी दर्शन अपनाते हैं। उनका एक प्रसिद्ध गीत है–

*'छोड़ दो जीवन यों न मलो।*
*तुम भी अपनी ही डालों पर फूलों और फलो।'*

इस गीत में निराला जी ने 'जियो और जीने दो' के सिद्धान्त की पुष्टि की है। यहाँ वे दीनों-दुखियों की सेवा का संकल्प लेते हैं। यह संकल्प 'भिक्षुक' नामक कविता की अन्तिम पंक्तियों में फूट पड़ा है–

*'ठहरो, हमारे हृदय में है अमृत, मैं सींच दूँगा।*
*अभिमन्यु जैसे हो सकोगे तुम*
*तुम्हारा दुःख मैं अपने हृदय में खींच लूँगा।'*

यह संवेदना विधवा, दीन, देवी आदि रचनाओं में भी प्रकट हुई है। 'तुलसीदास' में वे मध्ययुगीन भारतीय समाज का विश्लेषण करते हुए वर्णाश्रम-व्यवस्था के अन्तर्गत सन्त्रस्त शूद्र वर्ण का उल्लेख करते हैं–

*'वे शेष श्वास, पशु मूकभाष,*
*पाते प्रहार अब हताश्वास।*
*सोचते कभी आजन्म ग्रास द्विज गण के*
*होना ही उनका धर्म परम।*
*वे वर्णाधम, रे द्विज उत्तम।*
*वे चरण-चरण सब वर्णाश्रम-रक्षण के॥'*

'अधिवास' कविता में निराला जी ने मोक्ष की साधना का मोह त्यागकर दीन-दुखी वर्ग की सेवा का उद्घोष किया है। यही उनकी 'मैं' शैली है। वे लिखते हैं–

*'उसकी अश्रु भरी आँखों पर मेरे करुणाचल का स्पर्श'*
*'छूटता है यद्यपि अधिवास, नहीं है मुझको इसका त्रास।'*
*मैंने मैं शैली अपनायी।'*

निराला की वेदना धीरे-धीरे अन्तर्मुखी होती जाती है। उन्हें इस स्तर पर यह अनुभव होने लगता है कि–

*'हो गया व्यर्थ जीवन, मैं रण में गया हार।'*

वे यह महसूस करते हैं कि अनर्थ के रथ पर चढ़कर स्वार्थ समर नहीं जीत सकते। 'सरोज स्मृति' में भी कवि-कर्म की यही निरर्थकता व्यक्त हुई है। उन्हें लगता है कि उनका जीवन उस वन

बेला जैसा है जो अलक्षित ही रह जाता है। निराला जी की अनेक कविताएँ अपनी इस उपेक्षा के दंश से सन्दर्भित हैं, जैसे–

*'मैं अकेला।'*
*'स्नेह निर्झर बह गया है।'*
*'मैं पढ़ा जा चुका पत्र न्यस्त।'*
*'दुःखता रहता है अब जीवन।'*
*'देख चुका जो जो आये थे चले गये।'*
*'लांछना ईंधन हृदयतल-जले अनल।'*
*'गहन है यह अन्धकार।'*
*'मेरा डूब रहा दिनमान।'*
*'ये दुःख के दिन काटे हैं...'*
*'बाहर मैं कर दिया गया हूँ'* आदि।

वेदना के इन क्षणों में निराला जी ने प्रचण्ड आत्म-विश्वास को भी मुखरित किया है। उन्हें गहरे स्तर पर यह प्रतीति होती रही कि वे ही 'बसन्त के अग्रदूत' हैं। गद्य-पद्य, दोनों में 'समाभ्यस्त' हैं। उनका 'एक-एक शब्द बँधा' हुआ, ध्वनिमय एवं साकार है। उनका आत्मबोध है–

*'बदल दिया अर्थागम बनकर तूफान।'*

उनका दावा रहा है–

*'दिये हैं मैंने जगत को फूल-फल,*
*किया है अपनी प्रभा से चकित चल।'*

इस आत्मविश्वास से वेदना, व्यंग्य एवं विद्रोह को बल मिला है। अन्ततः इसकी परिणति गहरी आत्म निवृत्ति में होती दिखाई देती है।

'अर्चना' एवं 'आराधना' से 'सान्ध्य काकली' तक के गीतों में निराला जी की यह आर्त्त पुकार मुखरित हुई है। वे किसी भौतिक सत्ता के समक्ष तो कभी दुःख-दैन्य प्रकट नहीं करते, किन्तु पराशक्ति के समक्ष सर्वस्व समर्पण करते हुए इस नारकीय यातना से मुक्ति की याचना अवश्य करते हैं। उदाहरणार्थ–

*'दुरित दुःख दूर करो नाथ।'*
*'माँ अपने आलोक निखारो।*
*नर को नरक त्रास से वारो।'*
*'मरण को जिसने वरा है।'* आदि।

उनकी अन्तिम रचनाओं—'पत्रोत्कंठित जीवन का विष बुझा हुआ है' तथा 'ऋद्धि की क्या, सिद्धि की क्या', में जीवन की आशा-निराशा और सफलता-विफलता का द्वन्द्व दिखाई देता है। यही द्वन्द्व मुखर हुआ है उनके हास्य-व्यंग्य में।

निराला की व्यंग्य-विडम्बना की उत्कृष्ट उदाहरण हैं—'मास्को डायलाग्स' तथा 'कुकुरमुत्ता' जैसी कविताएँ। इन कविताओं में छद्म प्रगतिवादियों पर खुलकर प्रहार किया गया है और वास्तविक जन-चेतना अर्थात् भारतीय पारम्परिक प्रगतिशीलता का दिशा-निर्देश भी। निराला की यह मनोवृत्ति—'मैं बम्हन का लड़का', 'गरम पकौड़ी', 'रानी और कानी', 'स्फटिक शिला' आदि में व्यक्त हुई है। वस्तुतः व्यंग्य के विविध रूप निराला-साहित्य में चित्रित हुए हैं। इस बहुआयामिता के कारण उनका साहित्य वैविध्यपूर्ण हो गया है। यदि अनुपात का सहारा लिया जाये तो उसे मात्र विद्रोह का नाम नहीं दिया जा सकता है। निराला जी प्रगतिशील हैं, साथ ही परम्परावादी भी। वे व्यवस्था-विद्रोही रहे हैं और इतने भक्तिभाव-विह्वल भी कि अपने एकान्त क्षणों में आराध्य के समक्ष कातर-क्रन्दन करते दिखाई देते हैं। उनके भीतर प्रचण्ड गर्व एवं आत्मविश्वास दिखार्द देता है, साथ ही आत्म दैन्य युक्त प्रपत्ति की भावना भी। वे 'सुन्दरतम्' के उपासक रहे हैं, लेकिन उन्होंने कुरूपता को भी अंकित करने की दिशा में पहल की है। इसकी एक अति है—'रानी और कानी' कविता। दूसरा सीमान्त है—'देख दिव्य छवि लोचन हारे' जैसी कविता में। उनके प्रकृति-चित्रण में भी यही विरोधाभास है। चित्रकूट की प्रकृति का एक भव्य चित्र 'तुलसीदास' में दिखाई देता है। उसी का दूसरा 'ऐण्टीक्लाइमेक्स' (भद्दा दृश्य) 'स्फटिक शिला' कविता में है। निराला जी अमरता के विश्वासी हैं, साथ ही मृत्यु-बोध से प्रेरित भी रहे हैं।

निराला ने साम्प्रदायिक दर्शन को अपने सहज जीवन दर्शन में उतारा है। उनके लेखन में समाज सुधारक वाला काफ़ी जोश है, साथ ही गहरी हताशा भी। उनमें संघर्ष की ऊर्जा है और निवृत्तिमूलक निर्वेद भी। उनके चरित्रों की अनेक छवियाँ हमारे समक्ष आयी हैं। एक ओर 'राम की शक्तिपूजा' में राम का धीरोदात्त चरित्र चित्रित हुआ है, दूसरी ओर चतुरी, बिल्लेसुर, कुल्ली जैसे लघु मानव और चमेली जैसी 'वल्गर' पात्र भी। निष्कर्ष यह कि निराला जी के

चिन्तन और लेखन में कोई रूढ़िबद्ध जड़ीभूत धारणा नहीं दिखाई देती। एक अन्तर्विरोध उनमें सर्वत्र दिखता है। एक ओर गुरुदेव से अभिभूत होकर वे 'रवीन्द्र कविता कानन' लिखते हैं। दूसरी ओर वे रवीन्द्र के 'चरखा' विरोध का प्रतिविरोध भी करते हैं। निराला जी प्रायः गाँधी जी से असहमत रहे, किन्तु 'चरखा' में वे उनकी सराहना करते दिखते हैं। निराला ने आचार्य महावीर प्रसाद द्विवेदी को गुरुपदीय माना, किन्तु नयी काव्य धारा का विरोध करने पर उन पर प्रहार भी किया। आचार्य शुक्ल के दुर्निवार हठ से निराला जी क्षुब्ध रहे, किन्तु उनके सम्मान के प्रति वे सदैव सतर्क रहे हैं। शुक्ल जी के प्रति व्यक्त की गयी उनकी श्रद्धांजलि तो सर्वथा असाधारण है। इसी प्रकार वे प्रेमचन्द से जूझते भी रहे और उनकी अस्वस्थता के दिनों में उनके लिए दुआ भी माँगते रहे। उन्होंने पन्त जी की तीखी आलोचना की, साथ ही उनको बारम्बार स्नेह, सम्मान व प्रोत्साहन भी प्रदान किया। तात्पर्य यह है कि निराला का व्यक्तित्व सम-विषम, विविध प्रकार के तानों-बानों से बुना गया था। वे कहीं विशुद्ध रोमाण्टिक बंगीय भावुक कवि के रूप में दिखाई देते हैं और कहीं बैसवारे के ठेठ किसान के रूप में। कहीं वे पहलवान जैसे प्रतीत होते हैं और कहीं परम परिव्राजक योगी संन्यासी। एक स्तर पर यदि वे मिशन के सेवाभाव या सर्वोदयी सुधार से प्रेरित हैं तो दूसरे स्तर पर मसीही करुणा से। वे एक साथ ही शाक्त, वैष्णव, योग, वेदान्त आदि दर्शनों को आत्मसात करके चले हैं। इसलिए उनके व्यक्तित्व-कृतित्व को किसी एक विशेषण से अभिहित करना सम्भव नहीं है।

भाषा के स्तर पर भी निराला में बड़ा वैविध्य दिखाई देता है। उन्होने 'राम की शक्तिपूजा' एवं 'तुलसीदास' में जहाँ सायास तत्सम बहुला कृत्रिम किन्तु टकसाली समस्त पदावली का प्रयोग किया है, वहीं 'कुकुरमुत्ता' और 'बेला' में बोलचाल की उर्दवी भाषा का और परवर्ती रचनाओं में जनपदीय शब्दावली का प्रयोग किया है। लोक-जीवन की मुहावरेदानी के साथ लोक-धुनों का प्रयोग उन्होंने बहुशः किया है। उन्होंने मुक्त छन्द से लेकर गीत-नवगीत, ग़ज़ल, सवैया, दोहा, चौपाई, सोरठा, पद अर्थात् सभी प्रकार के छन्दों को अपनाया है। उनके कई अपने निजी बिम्ब तथा प्रतीक हैं। शब्दावली

में भी उनका अपनापन बहुत उभरा है। यह अपनापन ही निराला का वैशिष्ट्य है। यह बहुरूपता ही निराला के व्यक्तित्व-कृतित्व की शक्ति है। वे कविता, कहानी, उपन्यास, काव्य, फैण्टेसी, संस्मरण, रेखाचित्र, आत्मकथा, जीवनी, निबन्ध, पत्रकारिता, अनुवाद, बाल-साहित्य, व्याकरण अर्थात् नाटक के अतिरिक्त हर विधा में सक्रिय रहे हैं। हिन्दी खड़ीबोली, ब्रज, अवधी, बंगला, संस्कृत, उर्दू, अंग्रेज़ी आदि कई भाषाओं में उनकी गति दिखाई देती है। कविता के साथ संगीत, दर्शन और जनपदीयता को उन्होंने एकाकार कर दिया है। उपन्यासों में उन्होंने आंचलिकता का प्रथम प्रयोग किया है। वे छायावाद, प्रगतिवाद, प्रयोगवाद, नयी कविता और नवगीत के साथ निरन्तर अनुस्यूत रहे हैं। शाश्वतबोध और प्रासंगिकता, समष्टि-चिन्तन और आत्म-कथ्य, रहस्य चिन्तन और यथार्थ-बोध सबसे आपूरित है उनका साहित्य। इन सबको दृष्टिगत रखते हुए यह स्थापित किया जा सकता है कि निराला का समूचा व्यक्तित्व-कृतित्व सर्वथा विलक्षण अर्थात् निराला है।

वस्तुतः निराला जनप्रिय कवि हैं। तुलसी के बाद सबसे लोकप्रिय साहित्यकार। उन्होंने कविता, कहानी, उपन्यास, संस्मरण, रेखाचित्र, निबन्ध आदि कई विधाओं में लेखन किया, किन्तु विशेष लोकप्रियता मिली कविता के क्षेत्र में और फिर संस्मरणात्मक रेखाचित्रों तथा निबन्धों के कारण। जनसाधारण को निराला का 'निरालापन' पसन्द आया। साफगोई से भरा उनका आत्मकथ्य (कन्फेशन) बहुत भाया और फिर उनका विद्रोही व्यक्तित्व, उनकी मूर्तिभंजकता और समग्रतः भग्नमूर्तिता का पक्ष रास आया। देखते-देखते वे लोक-संवेदना के आलम्बन बन गये और 'कवि कर्म' के प्रतीक मान लिये गये। इसका परिणाम यह हुआ कि निराला पुष्टापुष्ट संस्मरणों से घिर गये और 'लीजेण्डरी' या मिथकीय चरित्र बन गये। अतिशय सन्निकटता के कारण वस्तुनिष्ठता तथा निस्संगता बाधित हो जाती है। निराला का मूल्यांकन भी इससे प्रभावित हुआ है। समीक्षकों ने उन्हें मुहावरों द्वारा व्याख्यायित करना शुरू कर दिया। उन्हें 'आइडियोलोजी' में लपेट लिया। इस बीच मूल पाठ (टेक्स्ट) को नज़रअन्दाज़ किया गया, फलतः सही अर्थोद्घाटन की प्रक्रिया ठहर सी गयी।

निराला जी के साथ एक विषम समस्या यह है कि वे किसी

एक 'पेटेण्ट' मतवाद से बँधकर नहीं चले, इसलिए उन्हें किसी 'स्कूल' या वैचारिक सम्प्रदाय से जोड़ना अन्याय होगा। सबसे पहले वे रवीन्द्रनाथ से प्रेरित हुए, उनके विश्वबोध और सौन्दर्यबोध से। उनसे अभिभूत होकर 'रवीन्द्र कविता कानन' नामक समीक्षा ग्रन्थ लिखा। 'अनामिका' तथा 'परिमल' की रचनाओं पर रवि बाबू का गहरा प्रभाव है। क्रमशः निराला जी उनसे प्रतिस्पर्धा प्रेरित होते गये। पहले उन्होंने तुलसी और बिहारी को उनके मुक़ाबले खड़ा किया और फिर स्वयं चुनौती दे दी। उनका 'कुकुरमुत्ता' कहता है कि "हाफिज रवीन्द्र जैसे विश्व कवि बड़े-बड़े"—आज खड़े-खड़े मेरा मुँह टुकुर-टुकुर देख रहे हैं। 'गाँधीजी से बातचीत' नामक निबन्ध में उन्होंने रवीन्द्र से तुलना करते हुए अपने काव्य 'तुलसीदास' का सगर्व सन्दर्भ दिया है। जिन दिनों रवि बाबू के विरुद्ध कोई मुँह नहीं खोल सकता था, उन्होंने रवीन्द्रनाथ द्वारा लिखित उस लेख का विरोध किया, जिसमें गाँधी के चरखे की निन्दा की गयी थी। यह सुविदित है कि निराला जी कई मामलों में गाँधीजी से असहमत थे। उन्होंने गाँधी पर पैरोडी तक लिखी थी, पर चरखे का विरोध वे नहीं झेल पाये। ऐसा चरखा प्रेम के कारण नहीं हुआ। वे तो किसी विरोध बिन्दु की खोज में थे। इसी प्रकार आचार्य महावीर प्रसाद द्विवेदी को उन्होंने पितृतुल्य सम्मान दिया और छायावादी काव्य के विवाद प्रसंग में उनका उपहास भी किया। आचार्य रामचन्द्र शुक्ल के तथाकथित 'गुरुडम' से क्षुब्ध, उनकी छद्म रचनाओं का मज़ाक़ उड़ाते हुए भी निराला ने प्रान्तीय हिन्दी साहित्य सम्मेलन फ़ैज़ाबाद में उनकी समुचित पद-प्रतिष्ठा के लिए आवाज़ उठायी थी। उनके निधन पर गहरी संवेदना अर्पित की थी। नेहरू जी को उन्होंने युवाहृदय सम्राट माना और यथावसर व्यंग्यप्रहार भी किया। पन्त जी पर उन्होंने बहुत लिखा और उनके किंचित् प्रमाद से क्षुब्ध होकर 'पन्तजी और पल्लव' लिखकर उन्हें ध्वस्त भी कर दिया। प्रेमचन्द को उन्होंने काफ़ी ललकारा, साथ ही उनकी बीमारी के बीच परमात्मा से 10 साल की अतिरिक्त आयु की याचना की। तात्पर्य यह कि निराला जी राग और विराग के दुहरे आरोहावरोह से परिचित दिखाई देते हैं। इस तथ्य को समझे बिना उनको समझ पाना असम्भव है। सचमुच निराला ही थे वे।

यही स्थिति विचारधारा की है। वे आरम्भ में अद्वैत वेदान्त से प्रभावित हुए। दक्षिणेश्वर मन्दिर तथा बेलूड़ मठ में रहते हुए उन्होंने संन्यासियों की जैसी तत्पश्चर्या की। रहस्य और दर्शन की ऊँचाई पर भी वे पहुँचे। वहीं से उन्हें विवेकानन्द के अभिनव वेदान्त की प्रेरणा मिली। वे दरिद्रनारायण की ओर उन्मुख हुए। सहसा इससे प्रतिक्रियाप्रेरित होकर वे हास्यव्यंग्य की ओर मुड़ गये—'मतवाला' से जुड़ गये और फिर छायावाद के उन्नयन में सक्रिय हो गये। यहाँ भी स्थिर नहीं रहे वे। उनकी चेतना का उत्तरोत्तर विकास होता रहा—कभी-कभी प्रगतिशीलता की ओर, कभी परम्परा की ओर और कभी नूतन प्रयोगों की ओर। वे नये-नये साँचे गढ़ते रहे, स्वतः उन्हें तोड़ते रहे और निरन्तर बढ़ते रहे। अतएव उन्हें आद्यन्त न छायावादी कहा जा सकता है न प्रगतिवादी, न प्रतिक्रियावादी और न प्रयोगवादी। निराला के पूरे क़द को समझ लेने पर 'कुकुरमुत्ता', 'तोड़ती पत्थर' और 'नये पत्ते' की स्फुट रचनाओं के सहारे न उन्हें साम्यवादी कहा जा सकता है और न 'महाराज शिवाजी का पत्र' तथा 'अर्चना', 'आराधना' में संकलित भक्तिपरक रचनाओं के आधार पर उन्हें दक्षिणपन्थी सिद्ध किया जा सकता है। निराला का गतिशील व्यक्तित्व निर्मित हुआ है—विभिन्न व्यतिरेकी विचार बिन्दुओं से। उसके गठन में रहस्य, रोमांच, प्रणय-सौन्दर्य, अध्यात्म, दर्शन, युगबोध, इतिहासबोध, व्यंग्य-वेदना-विद्रोह आदि अनेक अन्तर्वृत्तियों का सन्निवेश हुआ है। इन्हें समवेत रूप से सँजोए बिना निराला का खण्डित बिम्ब ही सामने आयेगा जो हमारी वैचारिक विकलांगता का प्रमाण है। अस्तु! निराला के व्यक्तित्व और कृतित्व के सही आकलन के लिए आवश्यक है कि इस प्रकार की सही (उभयनिष्ठ) सोच विकसित की जाये। उन्होंने मुक्त छन्द का प्रवर्तन करते हुए 'कविता की मुक्ति' की चर्चा की थी। आज आवश्यकता है—समीक्षा की मुक्ति की। वह पूर्वग्रह से पंकिल और साहित्येतर अवधारणाओं से बोझिल हो गयी है। इससे उबरे बिना निराला की सही परख-पहचान सम्भव नहीं है।

निराला के अर्थबोधन में तीसरा अवरोध है—भाषिक संरचना। वे निरन्तर भाषिक कोटियाँ गढ़ते रहे हैं। कभी 'राम की शक्तिपूजा' की सामासिक पदरचना, कभी 'कुकुरमुत्ता' की जैसी चुलबुली तथा

हल्की-फुल्की पदयोजना, कभी भक्तिपरक गीतों की भावसंकुल भाषा और कभी 'ताक कमसिन वारि' वाली दृष्टकूट शैली। कभी तत्सम और कभी ठेठ जनपदीय शब्दावली। कहीं बंगीय लहजा, कहीं बैसवारी तेवर। कभी बहुत सहज और कभी स्वयं सहजता से असहमत। 'सरोजस्मृति' में 'उन्नीस' के लिए निराला लिखते हैं—'ऊनविंश'। कहते हैं—हिन्दी कविता बहुत सरल होती जा रही है। फिर गद्य में मन्त्रभाषा की खोज। 'वर्तमान धर्म' का सारा विवाद इसी 'मन्त्रभाषा' की उपज है।

निराला की भाषा में पद-पद पर विचित्र प्रयोग प्राप्त होते हैं। उनकी एक अन्तिम कविता की पंक्ति है—"पत्रोत्कंठित जीवन का विष बुझा है।" यहाँ 'पत्रोत्कंठित' शब्द विचारणीय है। पत्र अर्थात् पन्ना। उत्कंठित अर्थात् उत्सुक या प्रतीक्षातुर। पन्ने को खोज निकालने की उत्सुकता। वस्तुतः इस उक्ति के पीछे एक लोकधारणा है। अवध क्षेत्र में जराजीर्ण व्यक्ति से कुशलक्षेम पूछा जाता है तो वह उत्तर देता है कि "क्या करें, कहीं काग़ज़ ही खो गया है।" अर्थात् "यमराज के दफ़्तर से जीवन का लेखा-जोखा ग़ायब है, इसलिए उनकी ओर से बुलावा नहीं आ रहा है।" इस भाव के लिए यहाँ पत्रोत्कंठित शब्द का प्रयोग किया गया है।

इसी के साथ निराला के कुछ अपने लहजे हैं, जो उस प्रकृति, परिवेश के आलोक में ही समझे जा सकते हैं। उनके तुलसीदास अपने साले को कोसते हुए कहते हैं—

*'जब देखो तब ये अड़े पड़े*
*उधार लाये हैं चले बड़े...।'*

यहाँ 'अड़े-पड़े' तथा 'उधार लाये' तो मुहावरे हैं, पर 'चले बड़े' एक लहजा है, जिससे क्षोभ और ललकार का स्वर मुखरित हुआ है। इस व्यंजना को वाणीविज्ञान द्वारा ही समझा जा सकता है। पर उससे भी पहले ज्ञातव्य है—बैसवाराबोध। निराला को समझने के लिए उसका इतिहास-भूगोल समझना होगा। 'कुल्लीभाट' में वे 'बनौधा' का वर्णन करते हैं। 'प्रभावती' में वे डलमऊ दुर्ग का चित्रण करते हैं। 'कुकुरमुत्ता' में वे काशी की तुलना में अपने एक पड़ोसी गाँव 'न्यवन्ना' का नामोल्लेख करते हैं। 'नये पत्ते' में वे पार्श्ववर्ती 'टेढ़ा' ग्राम का सन्दर्भ देते हैं। अपने लेखों में वे 'बैंती, पुरवा, भौरावां'

आदि दर्जनों स्थानों का नाम लेते हैं। इसी प्रकार अपनी कथाकृतियों में वे चतुरी, कुल्ली, अर्जुन, मँहगू, लकुआ, लच्छूनाई, बली कहार, भन्नी कुम्हार, भकुवा, लोना आदि जीवन्त पात्रों का उपयोग करते हैं। वे वर्णव्यवस्था की बारीकी से परिचित हैं। उनका एक ब्राह्मण पात्र कहता है–'छान्नबे की कसम' (यज्ञोपवीत की कसम)। इसी प्रकार के कुछ मुहावरे हैं–'खारुवे की पोथियाँ पढ़े भी हैं' (आना रे गंगा के किनारे), 'खुलता नाथ पौर साड़ी का' (तुलसीदास), 'पैकू, तरी बाला-छंगे के बने घूमते हैं' (कुल्लीभाट) आदि। इन गूढ़ोक्तियों को बैसवाराबोध के बिना समझ पाने और विशेषज्ञ बन जाने का दावा मतिभ्रम मात्र है।

इस प्रकार के आंचलिक शब्द लगभग 150 हैं। एक उदाहरण बानगी रूप में। 'कुकुरमुत्ता' में वे लिख जाते हैं–'अड़गड़े' अर्थात् स्त्रियों का शौच स्थल। यह अर्थ बैसवारी को समझे बिना दिखेगा ही नहीं।

तात्पर्य यह कि विश्वबोध और बैसवारा बोध से संयुक्त निराला का यह साहित्य सघन स्वाध्याय की अपेक्षा करता है। निराला ने रहस्य-दर्शन की जटिलताओं से जूझते हुए एक विशिष्ट जीवन-दर्शन दिया है। वे छायावादी काव्यधारा में छायांकन शैली लेकर चले और सपाटता के शिखर तक पहुँचे। उन्होंने हिन्दी, ब्रज, अवधी, बंगाली, अंग्रेज़ी, उर्दू, संस्कृत आदि कई भाषाओं का समन्वित संस्कार धारण किया था। साथ ही स्वेच्छानुसार वे अपने लिए नये-नये शब्द भी बराबर गढ़ते रहे। वे मुक्त छन्द के पुरस्कर्ता मात्र के रूप में ग्राह्य नहीं हैं, क्योंकि उन्होंने स्वयं जटिलतम छन्दोविधान का भी प्रमाण दिया है। तुकबन्दी तो जमकर की है उन्होंने। उनकी कृतियों में यथार्थ है तो आदर्श 'फैण्टेसी', 'अतियथार्थ' और 'एब्सर्डबोध' के पर्याप्त लक्षण भी हैं। इन्हीं सब अन्तर्विरोधों के कारण निराला को पहले क्लिष्ट कवि और विचित्र लेखक कहकर अनादृत किया गया, किन्तु धीरे-धीरे धुन्ध छँट गयी। उनकी संवेदना का सम्प्रेषण क्रमशः बढ़ता गया है और अब तो न वे खलनायक हैं न अतिमानव। हिन्दी पाठक उनके मानुषभाव से सर्वाधिक घनिष्ठता अनुभव कर रहा है। बाधक हैं–पार्टीजन समीक्षक। आवश्यकता यह है कि निराला का साहित्य सीधा जनसंवाद स्थापित करे, वाचन द्वारा, दृश्य-श्रव्य-माध्यमों

द्वारा और सही विमर्श द्वारा। तुलसी अति सरल हैं और आत्यन्तिक गूढ़ हैं। किन्तु उनका सम्प्रेषण बराबर होता रहता है। केशव का नहीं होता, इसलिए वे 'कठिन काव्य के प्रेत' कहलाये। संस्कृत में बाण, श्रीहर्ष, दण्डी तथा अंग्रेज़ी के मिल्टन को गूढ़ माना गया है, पर अपाच्य नहीं। आवश्यकता इस सतर्कता की है कि इस 'गूढ़' को कोई दिग्मूढ़ पुनः भ्रामक न बना सके। बेहतर होगा कि उनकी कविताओं के भाष्य प्रकाशित हों, साहित्यकोश निर्मित किये जायें, विचारकोश तथा सन्दर्भकोश तैयार हो जायें और रचनाओं को घटनाओं के परिप्रेक्ष्य से जोड़ने वाले साक्ष्य प्रस्तुत किये जायें। तभी स्पष्ट होगा कि 'बाँधो न नाँव इस ठाँव' गीत की पृष्ठभूमि क्या है? निराला का अधिकांश आत्म सापेक्ष है और परिस्थितिजन्य है। आवश्यकता है—उनके साहित्य के जनसंस्करण की, ताकि एक सार्वजनीन समझ विकसित हो। इस सामूहिक प्रज्ञा के जाग्रत हो जाने पर निराला का सर्वस्व उजागर हो उठेगा।

**3. सुमित्रानन्दन पन्त (1900-1977) :** कोमल कल्पनाओं के राजकुमार, अनन्य प्रकृति प्रेमी और विदग्ध विचारक कवि पन्त का जन्म 20 मई, 1900 ई. में कौसानी में हुआ था। बाल्यावस्था से ही उन्होंने काव्य रचना आरम्भ कर दी थी। उनकी आरम्भिक रचनाएँ 'वीणा' में संकलित हैं। पन्त जी ने यद्यपि नाटक, कहानी, उपन्यास, निबन्ध आदि विधाओं में भी एक-एक कृति दी है, किन्तु उनका महत्त्व मूलतः कवि रूप में ही है। वे समय-समय पर गाँधी, मार्क्स, अरविन्द आदि से भी प्रभावित होते रहे हैं, पर समग्रतः वे छायावादी ही कहे जायेंगे। उनकी प्रमुख कृतियाँ—'ग्रन्थि' (1920), 'वीणा' (1927), 'पल्लव' (1928), 'गुंजन' (1932), 'ज्योत्स्ना', 'युगान्त', 'ग्राम्या' (1940), 'युगवाणी' (1939), 'स्वर्णधूलि', 'स्वर्ण किरण', 'उत्तरा', 'रजत शिखर', 'शिल्पी', 'सौवर्ण', 'अतिमा', 'लोकायतन', 'कला और बूढ़ा चाँद', 'किरण', 'वीणा', 'पौ फटने से पहले', 'पतझड़ : एक भाव क्रान्ति', 'गीत हंस', 'शशि की तरी', 'गीत अगीत', 'समाधिता', 'आस्था', 'सत्यकाम', 'ऋता' आदि चिरस्मरणीय हैं। जीवन सौन्दर्य और आस्था का यह कवि 31 दिसम्बर, 1977 ई. को दिवंगत हो गया, किन्तु उसका साहित्य अमर है।

वस्तुतः खड़ीबोली को काव्योचित कमनीयता, सौकुमार्य एवं

रम्यता प्रदान कर उसे चरमोत्कर्ष पर पहुँचा कर उसके प्राणों को अक्षय मधु से भर देने वाले कवियों में श्री सुमित्रानन्दन पन्त का नाम अग्रगण्य है।

पन्त जी के काव्य का प्रारम्भ 'वीणा' नामक काव्य-संग्रह से हुआ। पन्त जी के भावुक किशोर मन को कौसानी की मोहक एकान्त घाटी का अवाक् सौन्दर्य अनिर्वचनीय माधुर्य से मण्डित करके निरन्तर काव्य-सृजन की भूमिका बनाता रहा।

पन्त जी के भाव विकास की अगली कड़ी है 'पल्लव' एवं 'गुंजन'। काव्य के साथ शिल्पगत सौष्ठव इन कृतियों की विशेषता है। प्रकृति प्रेम-सौन्दर्य किसी न किसी रूप में उनके इन काव्यों का मेरुदण्ड है।

पन्त जी के द्वितीय उत्थान की रचनाओं में 'युगवाणी', 'स्वर्णकिरण', 'स्वर्णधूलि', 'युगपथ', 'युगान्तर', 'उत्तरा', 'रजत शिखर', 'शिल्पी', 'अतिमा' आदि के नाम लिए जा सकते हैं। इन रचनाओं में युग की भौतिक, आध्यात्मिक—दोनों चरणों की चापें ध्वनित हुई हैं।

पन्त जी के उत्तरार्ध जीवन की रचनाएँ भाव प्रधान तथा विचार प्रधान हैं। उनकी मान्यता रही है कि मनुष्य को रोटी के साथ-साथ 'जन-मन में घर किये विगत युगों के प्रेत मूल्यों से भी लड़ना है।'

वस्तुतः पन्त जी का काव्य भू-जीवन, लोकमंगल तथा उदात्त मानव मूल्यों का काव्य है।

पन्त जी ने 'रूपाभ' पत्र का सम्पादन एवं 'लोकायतन' का संचालन किया। आकाशवाणी भी उनके सहयोग से लाभान्वित हुई।

पन्त जी ने गीत, खण्डकाव्य, महाकाव्य, काव्यनाटक, कहानी, उपन्यास, नाटक, निबन्ध, संस्मरण, समालोचना, आत्मचरित आदि अनेक विधाओं में योगदान किया है। उन्होंने विचारधारा के क्षेत्र में मार्क्स, गाँधी, रवीन्द्र, अरविन्द अर्थात् भारतीय पाश्चात्य चिन्तन पद्धति के कई विचार बिन्दुओं को जीवन दर्शन से जोड़ा और कुण्ठा के उस दौर में मंगलाशा को सन्देश दिया। इस प्रकार वे सही अर्थों में 'महासंक्रान्ति युग' के अध्येता बने रहे।

पन्त जी कल्पनाजीवी, अत्यन्त संवेदनशील और आस्थावान कवि थे। उनकी उदयकालीन कृतियों जैसे 'ग्रन्थि' में इतिवृत्तात्मकता के

कुछ चिह्न दिखाई देते हैं। उनकी आरम्भिक कविताओं, जैसे—आँसू की या उच्छ्वास की बालिका में नयी छायावादी भाव व्यंजना की छटपटाहट दिखाई देती है। प्रगतिवादी दौर में वे जनभाषा को अपनाते हैं, जैसे 'घर में विधवा रही पतोहू लछिमी थी यद्यपि पति घातिन।' यहाँ सपाटबयानी है। तात्पर्य यह कि काव्य के क्षेत्र में पन्त जी ने विभिन्न शैलियों का प्रयोग किया है। उनका काव्यारम्भ 'ग्रन्थि' अर्थात् प्रबन्ध काव्य से हुआ और उनके काव्य का समापन भी लोकायतन, सत्यकाम जैसे महाकाव्यों के साथ हुआ था।

प्रबन्ध काव्यों के अतिरिक्त पन्त जी ने 'सौवर्ण', 'रजत शिखर' तथा 'शिल्पी' में गीत नाट्य शैली का प्रयोग किया है। उन्होंने 'परिवर्तन', 'चाँदनी', 'पुरुषोत्तम राम' जैसी अनेक लम्बी-लम्बी कविताएँ लिखीं। उनके गीतों और कविताओं की संख्या तो सहस्राधिक है। इनमें अतुकान्त (मुक्त) छन्दों में रचित 'कला और बूढ़ा चाँद' भी है।

काव्य प्रवृत्तियों की दृष्टि से पन्त जी चार युगों से जुड़े दिखाई देते हैं। वे मूलतः छायावाद युग के कवि रहे हैं; किन्तु अपनी काव्ययात्रा में 1935 से 1940 के बीच उनका प्रत्यक्ष-परोक्ष जुड़ाव प्रगतिवाद से भी हो गया था। इसी बीच उन्होंने युगान्त, युगवाणी तथा 'ग्राम्या' की रचना की। इन कृतियों पर मार्क्सवाद का कुछ प्रभाव पड़ा है; किन्तु प्रायः उन्हें प्रगतिवादी नहीं माना गया। पाँचवें दशक में वे प्रयोगवाद तथा नयी कविता से भी कुछ-कुछ प्रभावित हुए। तभी 'कला और बूढ़ा चाँद' की रचना हुई, किन्तु नवलेखन में भी वे गण्यमान नहीं हुए। बच्चन जी के सम्पर्क में रहते हुए उन्होंने उमर खय्याम को रूपान्तरित करते हुए 'मधुज्वाल' की रचना की। परन्तु हालावादियों में भी उनकी गणना नहीं हुई। 'आधुनिक कवि' की भूमिका में उन्होंने एक बार छायावाद से अलग हो जाने का उद्घोष किया, किन्तु उसका मोह छोड़ नहीं पाये और 'छायावाद : पुनर्मूल्यांकन' में उसके साथ पुनः जुड़ जाने की घोषणा की। तात्पर्य यह है कि पन्त जी की काव्ययात्रा छायावाद से आरम्भ होकर उत्तरवर्ती कई आन्दोलनों से जुड़ी है। पल्लव, गुंजन, वीणा, उच्छ्वास आदि कृतियाँ उनकी इस काव्ययात्रा के मील-पत्थर हैं।

पन्त जी की वैचारिक यात्रा भी आरोहावरोह पूर्ण रही है।

वे एक ओर उपनिषदों से प्रभावित रहे हैं, दूसरी ओर पश्चिम के भौतिकवादी विचारकों–कांट, हीगल आदि से। उन पर मार्क्स का प्रभाव पड़ा और गाँधी का भी। गाँधी दर्शन से प्रेरित होकर उन्होंने 'खादी के फूल' और 'मुक्तियज्ञ' के साथ-साथ अनेक स्फुट कविताएँ रची हैं। इन सबकी अपेक्षा उन पर अरविन्द के अन्तश्चेतनावाद का प्रभाव सबसे ज़्यादा पड़ा। 'स्वर्ण किरण', 'स्वर्णधूलि', 'वाणी', 'रजत शिखर', 'उत्तरा', 'सौवर्ण', 'अतिमा', 'चिदम्बरा' अर्थात् उनका समस्त उत्तरवर्ती काव्य अरविन्द दर्शन से ओत-प्रोत है।

पन्त जी का यह उत्तरोत्तर विकास उनकी ग्रहणशीलता का प्रमाण है, न कि अवसरवादिता या फैशनपरकता का। वे किसी बोध व विधा के अन्ध समर्थक नहीं रहे हैं। प्रकृति उनकी चिर सहचरी रही है, लेकिन एक बिन्दु पर पहुँचकर उन्होंने प्रकृति को जनभीरुता, पलायन और सौन्दर्य लिप्सा का हेतु मानते हुए लिखा–

*'सुन्दर है विहग, सुमन सुन्दर*
*मानव तुम सबमें सुन्दरतम।'*

इसके पूर्व उनके किशोर कवि ने प्रकृति बाला पर मुग्ध होकर लिखा था–'छोड़ द्रुमों की मृदु छाया,...बाले तेरे बाल-जाल में कैसे उलझा दूँ लोचन।' वस्तुतः पर्वतीय प्रकृति की गोदी में पला हुआ उनका कवि मन प्रकृति के नाना रूपों के प्रति आसक्त रहा है।

पन्त जी का प्रकृति से बड़ा घनिष्ठ सम्बन्ध रहा है। वस्तुतः प्रकृति ही उनकी साहित्य सर्जना की मूलाधार रही है। यों तो प्रत्येक काव्यधारा, जिसका उद्गम राष्ट्र की धरती से होता है, प्रायः प्रकृति प्रेम से ओतप्रोत रहती है, पर पन्त जी कुछ अधिक ही प्रकृति परायण रहे हैं। यह प्रकृति प्रेम उनके देशप्रेम का हेतु था। राष्ट्र के भौमिक प्राकृतिक स्वरूप पर मुग्ध होकर वे एक ओर राष्ट्रचेता कवि बन गये थे और दूसरी ओर राष्ट्र की सांस्कृतिक चेतना से प्रगाढ़ रूप से जुड़ गये थे।

पन्त जी के प्रकृति प्रेम का मूल कारण रहा है–व्यक्ति स्वातन्त्र्य की तीव्र आकांक्षा। वे घुटन भरे सामाजिक जीवन से त्रस्त होकर प्रकृति की ओर भागे थे। निश्चय ही उनका प्रकृति दर्शन जड़ सामूहिकता की प्रतिक्रिया थी। प्रकृति उनके जीवनगत अभावों की भावनात्मक पूर्ति करती रहती थी।

पन्त जी ने प्रकृति को विश्व सुन्दरी माना था, इसलिए कि प्रकृति से ही उन्हें सौन्दर्य विधायिनी दृष्टि मिली थी। उनके अनुसार, जड़ होकर भी प्रकृति उन्हें आत्म चैतन्य की ओर प्रेरित करती रही है। वास्तव में प्रकृति ही नाना रूप धारण करके उनके काव्य में सम्मूर्त होती रही है। पन्त जी ने इसे 'नवीन सौन्दर्यबोध' कहा था। उन्होंने स्वीकार किया है कि कविता करने की प्रेरणा उन्हें प्रकृति निरीक्षण से प्राप्त हुई है। वे प्रकृति सौन्दर्य से अभिभूत होकर कवि बने थे। वस्तुतः पन्त जी निसर्ग कवि थे। एक दौर ऐसा भी आया, जब वे प्रकृति को जनभीरुता, निष्क्रियता, अतिसहिष्णुता और अस्वास्थ्यकर सामाजिक जीवनवृत्ति मानकर उससे परे हो गये, फलतः उनका काव्य सौन्दर्य क्षीण होने लगा। विवश होकर उन्हें फिर प्रकृति की ओर लौटना पड़ा। उनके समूचे काव्य में बाह्य-प्रकृति एक विराट चमत्कृत चित्र बनकर प्रकट हुई है। कवि उसे भावविभोर होकर देखता और कहता रहा है—'कितनी सुन्दरता बिखरी है प्राकृतिक जगत में।'

प्रकृति पन्त जी की सौन्दर्य लिप्सा की पूर्ति करती रही है। प्रकृति के साहचर्यवश वे सौन्दर्य स्वप्न द्रष्टा और कल्पनाजीवी कवि बने। प्राकृतिक सौन्दर्य के सम्मोहन से वे तत्त्वचिन्तन की ओर अग्रसर हुए। प्रकृति प्रेम ने उनके काव्य में अनेक रूप धारण किये। आरम्भिक कृतियों में प्रकृति मुख्यतः सौन्दर्य प्रधान रूप लेकर आयी है, फिर वह भाव प्रधान हो गयी है और परवर्ती कृतियों में वही चिन्तन प्रधान हो गयी है। यह अनन्त रूपा प्रकृति उनके हर विकास चरण की संगिनी रही है। इतना होते हुए भी वे 'प्रकृतिवादी' नहीं हुए, बल्कि प्रकृति को संस्कृति से जोड़े रहे।

पन्त जी का यह प्रकृति दर्शन अनुभूति का विषय रहा है। अपवाद रूप में उन्होंने कहीं-कहीं 'कवि समय' और प्रौढ़ोक्तियों का सहारा लिया है। यों, अधिकतर उनका यह प्रकृति ज्ञान आँखों देखा-परखा और स्वयं जिया हुआ अनुभव है। बाल्यकाल में ही मातृसुख से वंचित कवि पन्त प्रकृति जननी की गोद में पले थे। उनका जीवन और अल्मोड़ा का प्रकृति-परिदृश्य, दोनों अन्योन्याश्रित थे। उन्होंने नयी परम्पराएँ गढ़ीं, प्रकृति चित्रण के कई नये प्रयोग किये और प्रकृति चित्रण का नया कीर्तिमान स्थापित किया।

दृश्य प्रकृति के विभिन्न रूपों में पन्त को सर्वाधिक प्रिय रही है—पर्वतीय प्रकृति। पन्त जी ने हिमालय में विश्व सौन्दर्य का अन्तर्दर्शन किया है। उन्होंने हिमालयी प्रकृति का मनोयोगपूर्ण चित्रण किया है। वस्तुतः साक्षात् पर्वत पुत्र हैं पन्त जी। 'हिमाद्रि' कविता में उन्होंने हिमालय को शाश्वत सुन्दरता का 'भूभृत' कहा है।

पन्त जी ने 'गिरि प्रान्तर', 'कूर्मांचल के प्रति', 'अल्मोड़े का पावस' आदि कविताओं द्वारा हिमालय के सौन्दर्य का बहुविध वर्णन किया है। अपनी प्रसिद्ध कविता 'हिम अंचल' में इसे उन्होंने साक्षात् सौन्दर्य लोक के रूप में चित्रित किया है। अल्मोड़ा और कौसानी का परिवेश पन्त जी को सर्वाधिक प्रिय है। यहाँ का 'पल-पल परिवर्तित प्रकृति वेश' विस्मय विमुग्ध कर देने वाला है।

पर्वत प्रदेश के बाद पन्त जी को प्रिय लगा है—हरहराता हुआ सागर। उन्होंने सरिताओं तथा निर्झरों का बड़ा सजीव रूपान्तरण किया है तथा समुद्र के उत्ताल नर्तन को मुग्ध भाव से देखा है। 'नौका विहार' और 'एकतारा' कविता में उन्होंने गंगा की धारा के प्रति आकर्षण प्रकट किया है। प्रकृति का यह रूप कोमल भी है और कठोर भी।

पन्त के काव्य के ज्योत्स्ना का लास-उल्लास बहुत चित्रित हुआ है। 'ज्योत्स्ना' नामक नाटिका और 'चाँदनी' नामक कविता में पन्त जी ने इसका मानवीकरण किया है—

*'जग के दुःख दैन्य शयन पर वह रुग्णा जीवन बाला।*
*नीले नभ के शतदल पर वह बैठी शारदहासिनि।'*
*'धूप-छाँह मय रश्मि द्रवित रंगों में गुम्फित*
*नाच रही वह गिरि शृंगों में हाथ उठाये।'*

तात्पर्य यह है कि पन्त का काव्य प्राकृतिक दृश्यों से प्रेरित है। उन्होंने सौर मण्डल के एक-एक प्रकाश पुंज को चित्रित किया है। 'एकतारा', 'नक्षत्र', 'तारापथ', 'सन्ध्या के बाद' आदि कविताओं में पन्त जी ने सूर्योदय, सूर्यास्त, स्वर्गगंगा के साथ कचपचिया तारों का बड़ा सुन्दर चित्र प्रस्तुत किया है। जैसे—

*'अब हुआ सान्ध्य स्वर्णाभ नील।'*
*'सिमटा पंख शाम की लाली जा बैठी अब तरु शिखरों पर।'*

प्रकृति के विभिन्न काल खण्डों में पन्त जी ने गोधूलि वेला

और सन्ध्या वेला को सबसे अधिक महत्त्व दिया है। ऋतु सौन्दर्य में उन्होंने शरद, बसन्त और पावस पर विशेष दृष्टि डाली है।

शरद को पन्त जी ने 'सन्त चेतना की ऋतु' कहा है। उन्होंने कई हेमन्त गीत लिखे हैं। कवि ने जहाँ शिशिर को कुरूपता का प्रतीक माना है, वहीं बसन्त को उत्कर्ष काल कहा है। पन्त की कविता में यह मंजरित प्रकृति, यह 'वसुधा का यौवन भार', वस्तुतः स्वर्गिक सुन्दरता का प्रवाह है। पावस के प्रति भी उनके मन में बड़ा आकर्षण है।

इसके अतिरिक्त उनकी कई कविताएँ, जैसे 'सावन' और 'पावस' मुख्यतः वर्षा को ऋतुरानी के रूप में चित्रित करती हैं।

पशु-पक्षियों के प्रति भी पन्त जी भाव विमुग्ध दिखाई देते हैं। वे स्वयं को 'गीत हंस', 'कवि कोकिल' या 'पिक कवि' कहते रहे हैं। वनस्पतियों का वर्णन भी पन्त जी के काव्य में बहुत हुआ है। एक से एक भारतीय पुष्प और विदेशी पुष्प।

वस्तुतः प्रकृति को पन्त ने परिपूर्णता में ग्रहण किया है और उसके समवेत सौन्दर्य को स्वर दिया है। प्रायः उसका मानवीकरण या नारीकरण भी किया है। प्रकृति के सभी कोमल कठोर रूप उन्हें प्रिय रहे हैं। उन्होंने प्रकृति सुन्दरी की वन्दना की है और उसके सहारे आध्यात्मिक साधना भी की है। प्रकृति निरीक्षण उनकी मात्र मुद्रा नहीं है, बल्कि जीवन संस्कार है। उन्होंने परम्परा पूर्ति के लिए मात्र नाम-गणना नहीं कराई है, बल्कि उसके साथ तादात्म्य स्थापित किया है। प्रकृति उनकी आलम्बन है। उसके सहारे वे विभिन्न प्रकार के दृष्टान्त देते चलते हैं। इसके माध्यम से इनकी राष्ट्रीय चेतना मुखरित हुई है। प्रकृति प्रेम उनके स्वच्छन्द जीवन और विचार स्वातन्त्र्य का प्रेरक रहा है। वस्तुतः इतना बड़ा प्रकृति प्रेमी कवि हिन्दी में दूसरा नहीं हुआ है।

अपनी वैचारिक प्रौढ़ता के साथ-साथ पन्त जी रहस्य दर्शन की ओर बढ़े। 'मौन निमन्त्रण' कविता इसका प्रस्थान बिन्दु है। उनकी प्रायः प्रत्येक कविता का अन्त किसी न किसी दर्शन के साथ हुआ है। 'नौका विहार' में सारा दृश्य अंकित करने के बाद वे लिखते हैं, 'इस धारा सा है जग का क्रम।'

इसी प्रकार के संकेत 'आः धरती कितनी देती है', 'सोन

जुही', 'एकतारा' आदि में है। गूढ़ गहन दर्शन को रसपेशल बनाने की अद्‌भुत क्षमता पन्त जी में थी। इसका विराट रूप दिखाई देता है—'लोकायतन' में। इस महाकाव्य में उन्होंने मानव के सर्वांगीण विकास की रूपक कथा प्रस्तुत की है। इसी का प्रतीकीकरण 'सत्यकाम' में हुआ है। इतना अवश्य है कि पन्त जी ने 1945 से लगभग 30 वर्षों तक अरविन्द दर्शन की इतनी आवृत्ति कर दी कि उससे हिन्दी जगत को 'एलर्जी' जैसी हो गयी। इसलिए कि इस बीच भौतिक चेतना बहुत बुरी तरह हावी हो गयी थी। उसे 'अतिमानस' की न ख़्वाहिश थी, न उस पर आस्था थी। इस युग परिवर्तन के साथ अन्य कवियों ने अपने को बदल लिया था, किन्तु पन्त जी निरन्तर आग्रहशील बने रहे। फलतः अपने जीवनकाल में ही वे अकेले पड़ गये और उपेक्षित हो गये। यद्यपि सन्त्रास और कुण्ठा के उस दौर में मंगलाशा का स्वर मुखरित करने वाले वे अकेले एकमात्र अपवाद रूप कवि थे, फिर भी इस प्रवाह में वे ठहर नहीं पाये। वे बराबर कहते रहे कि—

*'मैं प्रेमी उच्चादर्शों का।'*
*'जग जीवन में विश्वास मुझे।*
*नव आशा नव उल्लास मुझे।'*
*'जीवन की लहर-लहर से*
*हँस खेल-खेल रे नाविक।'*

किन्तु उनकी यह आवाज़ अनसुनी रह गयी। उनका प्रगतिवादी-प्रयोगवादी काव्य पहले ही अस्वीकृत हो गया था। छायावादी काव्य को भी इस बीच प्रतिक्रियावादी घोषित कर दिया गया। फलतः पन्त का काव्य प्रायः हाशिये पर आ गया। साहित्यिक राजनीति से ग्रस्त आलोचकों ने उनकी अवमानना योजनाबद्ध ढंग से की। कई समीक्षक जनवाद का दम्भ भरते रहे, लेकिन यह भुला बैठे कि 'भारत माता ग्रामवासिनी', 'कहारों का नृत्य', 'धोबियों का नृत्य', 'दो बालक', 'वह बुड्‌ढा', 'ताज' आदि कविताओं के रचयिता पन्त भी कभी जनवादी थे। कालाकाँकर में रहते हुए अवध के ग्राम जीवन की दुर्दशा का चित्रण करते हुए उन्होंने लिखा था—

*'यह तो मानव लोक नहीं रे*
*यह है नरक अपरिचित।'*

पन्त ने 'द्रुत झरो जगत के जीर्ण पत्र' लिखकर रूढ़ियों पर प्रहार किया था। साथ ही, 'गा कोकिला बरसा पावसकण' लिखकर नवयुग का स्वागत किया था। भारतीय नारी के प्रति उदार उद्गार पन्त की 'भावी पत्नी के प्रति' नामक कविता में और इन पंक्तियों में प्रकट हुए हैं–

*'मुक्त करो नारी को मानव।'*
*'देवि माँ सहचरि प्राण॥'*

समकालीन समीक्षकों ने पन्त की काव्यकला की कदर्थना की है। यह सहज स्वीकार्य है कि पन्त की जैसी बिम्बधर्मिता, उनकी जैसी विराट रूपक रचना, कल्पनाओं की वैसी उन्मुक्त उड़ान, प्रतीकों तथा उत्प्रेक्षाओं की वैसी रम्य छटा किसी अन्य कवि में एकत्र प्राप्य नहीं है। उनकी जैसी काव्य भाषा भी किसी कवि में देखने को नहीं मिलती। कोमल कान्त पदावली और भावावेश पूर्ण पदबन्ध, दोनों अपनी पराकाष्ठा पर यहाँ उपस्थित हैं। शायद ही कोई शिथिल प्रयोग ढूँढ़े मिले। फिर भी कई समीक्षकों ने उनकी काव्यभाषा को 'काव्याभास भाषा' कहकर उसे अस्वीकृत करने की असफल चेष्टा की है।

पन्त जी के इस अवमूल्यन के मुख्य चार कारण रहे हैं। एक तो उन्हें निराला का प्रतिद्वन्द्वी बना दिया गया। उनका भोला मन इस दुरभिसन्धि को नहीं समझ पाया। महत्त्वाकांक्षावश वे अनजाने ही अखाड़ेबाज़ी के शिकार हो गये। इस बीच निराला 'कवि कर्म' के प्रतीक बन गये, इसलिए जिस अनुपात में उनका क़द बढ़ता गया, पन्त उसी अनुपात में घटते चले गये। दूसरे, इस बीच वे आकाशवाणी से जुड़ जाने के कारण और शासन द्वारा बहुशः सम्मानित होने के कारण अनेक हिन्दी रचनाकारों की ईर्ष्या के लक्ष्य हो गये। तीसरा सबसे बड़ा कारण–अरविन्द दर्शन की पुनरावृत्ति करते-करते पन्त जी चुक से गये थे। दर्शन उन पर इतना हावी हो गया कि कैशोर कल्पनाएँ और कोमल कान्त पदावली (जिसके सहारे वे कभी जनमन के कण्ठहार बने थे), विचार बोझिल हो गयी। चौथे, पन्त जी जिस अनागत भविष्य का सपना देख रहे थे, वह कटुयथार्थ के इस प्रवाह में अभी अपनी जड़ें नहीं जमा पाया है। शायद कभी आगे घटित हो।

सिद्ध है कि कविवर सुमित्रानन्दन पन्त छायावाद के उन्नायकों

में से एक हैं। यह स्मरणीय है कि उनकी प्रथम काव्यकृति 'उच्छ्वास' 1918 में प्रकाशित हुई थी। 1920 में 'ग्रन्थि' नामक खण्डकाव्य और 'वीणा' का प्रकाशन हुआ था। इसी बीच 'स्वप्न' आदि कुछ कविताएँ भी प्रकाश में आयी थीं। इसके कुछ पूर्व प्रसाद जी की कुछ कविताएँ, जो छायावादी भावबोध से प्रेरित थीं, 'इन्दु' नामक पत्रिका में छपी थीं। उनका प्रथम छायावादी गीत संग्रह 'झरना' भी 1918 में प्रकाशित हुआ था। निराला जी की कविताओं का प्रथम संग्रह 'अनामिका' (प्रथम संस्करण) 1923 में प्रकाशित हुआ था। यद्यपि उन्होंने लिखा है कि 'जूही की कली' 1916 में उनकी डायरी में खिल चुकी थी, किन्तु प्रकाशित हुई विलम्ब से। इसका तात्पर्य यह है कि प्रसाद और पन्त इस धारा प्रवर्तन के क्षेत्र में लगभग समानान्तर सक्रिय रहे हैं। यद्यपि पन्त जी ने स्वयं को छायावाद का प्रवर्तक होने का दावा न करके इसका उन्नायक अग्रज प्रसाद जी को माना है; यों प्रसाद-पन्त-निराला और महादेवी छायावाद के बृहत् चतुष्टय में गण्यमान्य हैं।

पन्त जी ने अपने सतहत्तर वर्षों के जीवन काल में लगभग 5 दर्जन कृतियाँ लिखी हैं। उनकी प्रथम कृति 'हार' (उपन्यास) 14 वर्ष की अवस्था में लिखी गयी थी। 'वीणा' से 'ऋता' के मध्य उन्होंने विभिन्न विधाओं में लेखन किया; जैसे—खण्डकाव्य—'ग्रन्थि'। महाकाव्य—1. लोकायतन, 2. सत्यकाम। लगभग एक दर्जन गीत संग्रह। नाटक—ज्योत्स्ना। 'पाँच कहानियाँ' नामक कहानी संग्रह। 'साठ वर्ष : रेखांकन' नामक संस्मरण ग्रन्थ। 'शिल्प और दर्शन', 'गद्य पथ', 'कला और संस्कृति' नामक तीन निबन्ध संग्रह। 'छायावाद : पुनर्मूल्यांकन' नामक समीक्षा ग्रन्थ। 'मधुज्वाल' नामक से उमर खैयाम की रूबाइयत का अनुवाद। कई लम्बी कविताएँ तथा काव्य-नाटक। पन्त जी की आरम्भिक कविताओं में (विशेषतः ग्रन्थि में) द्विवेदी युगीन अवशेष दिखाई देते हैं। फिर वे छायावाद से जुड़ जाते हैं। 'पल्लव' और 'गुंजन' उस दौर के उनके श्रेष्ठ संकलन हैं। 1934-36 के बीच पन्त जी प्रगतिवाद से प्रभावित हुए। उन पर मार्क्स और हीगल का इतना प्रभाव पड़ा कि वे भावनात्मक रूप से सर्वहारा वर्ग से जुड़ गये। ग्राम्या, युगान्त, युगवाणी आदि उसी दौर की कृतियाँ हैं। प्रगतिवाद से प्रेरित होने के कारण वे कहते हैं—

*'तुम वहन कर सको जनमन में मेरे विचार,*
*वाणी मेरी, चाहिए तुझे क्या अलंकार?'*

उन्हें उन दिनों ताजमहल तक का सौन्दर्य नहीं सुहाता था। सामन्ती कला की निन्दा करते हुए उन्होंने लिखा था–

*'आह, मृत्यु का ऐसा अमर अपार्थिव पूजन!'*

उन्होंने 1938 में 'रूपाभ' नामक मासिक पत्रिका के जो ग्यारह अंक प्रकाशित किये, उसमें प्रगतिवादी दर्शन की पर्याप्त झलक दिखाई देती है।

कालान्तर में उदयशंकर जी से प्रभावित होकर वे फ़िल्म जगत से जुड़ गये। उनकी 'कल्पना' नामक फ़िल्म के गीत उन्होंने लिखे। वर्षों तक वे आकाशवाणी में महानिदेशक रहे।

इसी विकास क्रम में 'कला और बूढ़ा चाँद' की कविताओं के माध्यम से, वे प्रयोगवाद से जुड़े। पर कुछ ही दिनों में प्रगति-प्रयोग से उनका मोहभंग हो गया। वे मार्क्स की अपेक्षा गाँधी और कांट की अपेक्षा अरविन्द से ज़्यादा प्रभावित हो गये। पन्त जी के उत्तरवर्ती काव्य में महर्षि अरविन्द ही छाये हुए हैं। गाँधी जी से प्रेरित होकर उन्होंने 'खादी के फूल', 'मुक्तियज्ञ', 'बापू' आदि कृतियों की रचना की। अरविन्द के अन्तश्चेतनावाद से प्रभावित होकर उन्होंने 'स्वर्णधूलि', 'उत्तरा', 'रजत शिखर', 'सौवर्ण', 'अतिमा', 'चिदम्बरा' जैसे कई काव्यों की रचना की।

स्थूल रूप से पन्त के काव्य में तीन महत्त्वपूर्ण मोड़ दिखाई देते हैं–1. 'छाया दर्शन' से प्रेरित काव्य, 2. प्रगतिवादी काव्य, 3. अरविन्द दर्शन से प्रेरित काव्य। उनकी काव्य-कृतियों में द्विवेदी युग, छायावाद, प्रगतिवाद और प्रयोगवाद–इन चारों के संस्कार हैं और 1918 से 1977 तक के छह दशकों के चक्रचिह्न की। समस्या यह है कि पन्त जी ने लगभग चालीस वर्षों तक अरविन्द दर्शन (अन्तश्चेतनावाद) को 'नव्य सौन्दर्यबोध' कहकर लगभग बीस काव्यों की रचना की और अपने उस लेखन को प्रकारान्तर से छायावाद सिद्ध करना चाहा, किन्तु उनका यह अभिमत सर्वस्वीकार्य नहीं हुआ और मोटे तौर से यह मान लिया गया कि कोई युग प्रवृत्ति शाश्वत-सार्वकालिक नहीं होती। अस्तु, छायावाद को भी चालीस के आसपास समाप्त मान लेना न्यायोचित होगा।

**4. महादेवी वर्मा (1907-1987) :** हिन्दी की छायावादी कविता में महादेवी जी का स्थान वरेण्य है। वे हिन्दी काव्य-मन्दिर में भारत-भारती की पर्याय बन गयी हैं। निराला जी ने ठीक ही लिखा था–'हिन्दी के विशाल मन्दिर की वीणा पाणी।' महादेवी में उपनिषदों का चिन्तन, बुद्ध की करुणा, कबीर की रहस्य भावना, मीरा की वेदना और सूर की गोपियों के आत्मसमर्पण की भावना एकत्र उपलब्ध होती है।

महादेवी जी का जन्म उत्तर प्रदेश के फर्रुखाबाद जनपद में सन् 1907 में फाल्गुन पूर्णिमा के दिन हुआ था। 11 वर्ष की अल्पायु में इन्होंने 'दिया' नामक प्रथम रचना की। इनके प्रथम संग्रह 'नीहार' की अधिकांश रचनाएँ मैट्रिक पास होने से पूर्व ही लिखी जा चुकी थीं, यद्यपि उसका प्रकाशन सन् 1960 में हुआ। बी.ए. की परीक्षा उत्तीर्ण करते-करते ये महात्मा बुद्ध की करुणा से अत्यधिक प्रभावित हो गयीं। उन्हें 'वेदना की रानी' कहा गया। उन्हीं के शब्दों में–'मैं नीर भरी दुःख की बदली।'

'नीहार' (1930), 'रश्मि' (1932), 'नीरजा' (1935), 'सान्ध्यगीत' (1936), 'दीपशिखा' और 'यामा' (1940), 'अग्निरेखा' महादेवी जी की काव्य-यात्रा के प्रमुख पड़ाव हैं। आत्मविसर्जन, दीपशिखा सदृश जलते रहने की अनवरत साधना और सतत वेदना उनका जीवन-दर्शन है। अपना काव्य-व्यक्तित्व निरूपित करती हुई वे कहती हैं–

*'प्रिय सान्ध्य गगन मेरा जीवन!'*

स्फुट कृतियों में 'बंगदर्शन', बंगाल के अकाल पर लिखित विभिन्न कवियों की कविताओं का सम्पादन है। 'सप्तपर्णा' उत्कृष्ट काव्यानुवाद है। 'हिमालय' राष्ट्रीय कविताओं का संकलन है। उन्होंने कविता के अतिरिक्त हिन्दी-गद्य का भाण्डार भी भरा है। 1987 में उनके निधन से हिन्दी की अपूरणीय क्षति हुई है।

महादेवी जी के गीत छायावादी कविता के रत्नालंकार हैं। इनमें जो बिम्ब विधान हैं, जो कल्पनासौष्ठव हैं, सागोपांग रूपकों की जो रूप-रचना की गयी है, टकसाली काव्यभाषा की जो छटा दिखाई देती है, इसके साथ ही इन गीतों में रहस्य दर्शन, रागात्मक ऐश्वर्य, सौन्दर्य बोध, सर्वात्मवाद, स्त्रीचेतना आदि के मर्मस्पर्शी स्वर भी हैं।

महादेवी जी के काव्य में उनका अन्तर्मन सहज रूप से मुखर हुआ है। इस दौर में महादेवी जी ने जो गीत लिखे हैं, उनमें व्यवस्था-विरोध का कुछ मौन-मुखर स्वर उभर आया है। जैसे–

*'पूछो न प्रात की बात आज आँधी की राह चलो।'*

एक गीत में वे कहती हैं–

*'वंशी में क्या, अब पांचजन्य गाता है।'*

इनकी एक अन्य महत्त्वपूर्ण उक्ति है–

*'नहीं हलाहल शेष, तरल ज्वाला से अब प्याला भरती हूँ।*
*आज अमरता के पथ को मैं जलकर उजियाला करती हूँ।*
*आँखों का पानी चढ़ा-चढ़ाकर अग्नितार... ।'*

कवयित्री ने यहाँ पांचजन्य, आँधी, आग, हलाहल जैसे प्रतीकों के माध्यम से अपनी क्रान्ति-चेतना को वाणी दी है। निश्चय ही यह उनकी अन्तर्मुखी प्रकृति और परिस्थितिगत दमन-चक्र की प्रतिक्रिया है। इस स्तर पर वे न सिन्दूर की अनिवार्यता को स्वीकार करती हैं और न जनाना बाज़ार-व्यवस्था को। अपने निबन्धों में उन्होंने मेनका, शकुन्तला, सीता और गोपा जैसे चरित्रों की ओर हमारा ध्यानाकर्षण किया है। वे जड़ बन्धनों से मुक्त होने के लिए व्यक्त दिखाई देती हैं। युग की दिशा-दशा पर वे विचार करती हुई कहती हैं–

*'तोड़ दो यह क्षितिज, मैं भी देख लूँ उस ओर क्या है?*
*जा रहे जिस पन्थ, उस युग-कल्प का छोर क्या है?*
*क्यों मुझे प्राचीर बनकर आज मेरे प्राण घेरे?'*

'अग्निरेखा' में संकलित उनकी कई आरम्भिक कविताएँ उनकी स्त्री विषयक चिन्ता की साक्षी हैं। अपने निबन्धों में उन्होंने नारी विषयक पाँच छवियाँ अंकित की हैं।

यह स्मरणीय है कि उनका मुखर स्त्री-विमर्श 1950 तक चलता रहा। तब से लेकर 1987 तक (अन्तपर्यन्त) यह नारी चेतना लगभग अनुपस्थित है। ऐसा प्रतीत होता है कि गद्य कृतियों में चित्रित उनका विमर्श या तो प्रतिक्रिया प्रेरित था या प्रायोजित! इन निबन्धों में आवेग तो है, पर संवेदना नहीं है या अत्यल्प है। इस अवधि में लिखे गये रेखाचित्रों में एकमात्र अपवाद है सुभद्रा जी, जिन्हें छोड़कर उन्होंने कोई गरिमा मण्डित नारी चरित्र नहीं चुना। दूसरे, नारी विषयक सामन्ती सोच पर एतराज़ करती रही हैं। पर विडम्बना यह है कि

वे अपने चित्रों में नारी की उन्हीं आकृतियों को बराबर अंकित भी करती रही हैं। उनके अधिकतर चित्र रीतिकालीन नायिकाओं जैसे तथा अजन्ता के भित्ति चित्रों जैसे हैं। सद्यः स्नाता के पारदर्शी चित्रों की भी कोई कमी नहीं है। बस कुछ शब्दों का परहेज किया गया है। जैसे, उरोजों के लिए 'वक्ष' शब्द का प्रयोग। काव्य में चित्रित ये नारी-बिम्ब निश्चय ही उनके अवचेतन के सहज भाव उच्छ्वास हैं और उनके मनोविज्ञान के प्रामाणिक साक्ष्य भी।

यह उल्लेखनीय है कि नौ वर्ष की अवस्था में महादेवी जी का विवाह हो गया था। अपने स्वाधीन-सम्भ्रान्त व्यक्तित्व के कारण न उन्होंने दाम्पत्य जीवन जिया और न विच्छेद को वरण किया। 'श्रीमती' का विशेषण उनके साथ आजीवन लगा रहा। कुछ मौन-मुखर अनन्यता और साहचर्य की कामना भी समय-समय पर प्रकट होती रही। जैसे—

*'बीन भी हूँ मैं, तुम्हारी रागिनी भी हूँ।*
*दूर तुमसे हूँ अखण्ड सुहागिनी भी हूँ॥'*
*'मैं पलकों में पाल रही हूँ, यह सपना सुकुमार किसी का।*
*मैं कण-कण में ढाल रही हूँ, आँसू के मिस प्यार किसी का।'*

कालान्तर में विरह वेदना, एकाकीपन और दुःख उनकी कविता के स्थायी भाव बन गये। उनकी एक छवि 'नीर भरी दुःख की बदली' के रूप में स्थापित हो गयी। इसको उन्होंने जीवन दर्शन से जोड़ दिया। एक गीत में वे लिखती हैं कि विरह ही उनका आराध्य है, अतः उसके साथ अभेद-सम्बन्ध है—

*'आकुलता ही आज हो गयी तन्मय राधा।*
*विरह बना आराध्य, द्वैत क्या, कैसी बाधा?'*

पारम्परिक कृष्ण-काव्य में जो स्फीत राग-चेतना, परम विरहासक्ति या रागानुराग भक्ति के रूप में मीरा द्वारा व्यक्त की गयी है, कुछ वैसी ही महादेवी के मुख से भी मुखरित हुई है। इस आशय के कुछ गीत स्मरणीय हैं—

*'पन्थ रहने दो अपरिचित, प्राण रहने दो अकेला।*
*मान लो यह विरह, एकाकी मिलन में है दुकेला।'*
*'फिर विकल हैं प्राण मेरे।'*
*'अलि, कहाँ सन्देश भेजूँ।'*

*'विरह का जलजात जीवन।'*
*'तुमको पीड़ा में ढूँढ़ा, तुममें ढूँढूँगी पीड़ा।'*
*'मिलन का मत नाम ले, मैं विरह में चिर हूँ।'*

महादेवी जी के अनेक गीतों में प्रगाढ़ प्रणयावेग है और एक स्वप्निल कामना है, जैसे–

*'तुम्हें बाँध पाती सपने में।'*
*'कौन तुम मेरे हृदय में?'*

उनकी यह नारी सुलभ प्रणय-पिपासा कहीं-कहीं सूफ़ी मत से प्रेरित-प्रभावित भी दिखायी देती है। इस प्रकार के गीत महादेवी जी के संकलनों में भरे पड़े हैं, जो उनके अतिशय प्रगल्भ नारी मन के उन्मुक्त उद्‌गार हैं। हाँ, इतना अवश्य है कि महादेवी का नारी सुलभ संवेदन सर्वथा समुर्यादित है। उनके अवचेतन में रोमांस तो है, लेकिन नितान्त निरामिष।

महादेवी जी के गीतों का एक पक्ष उल्लास और उमंग के रूप में प्रकट हुआ है। वे सर्वदा-सर्वथा करुणा की ही कवयित्री नहीं रही हैं। उनके दर्जनों गीतों में परिष्कृत आह्लाद सुनाई देता है। उन्हें रंगीनी पसन्द है। सुहाग की गहरी लालसा उनके मन में है। मिलन की मनुहार उन्हें प्रेरित करती रहती है। कुछ उदाहरण द्रष्टव्य हैं–

*'मेरा पग-पग संगीत भरा*
*श्वासों में स्वप्न पराग झरा।'*
*'प्रिय सान्ध्य गगन मेरा जीवन।'*
*'नव अरुण-अरुण मेरा सुहाग।'*
*'मैं मतवाली इधर उधर मेरा प्रिय मतवाला सा है।'*
*'जाने किस जीवन की सुधि ले लहराती आती मधु बयार।'*
*'हूँ प्रिय की अमर सुहागिन... ।'* आदि।

इन मनोदशाओं में कवयित्री ने प्रिय मिलन की कुछ अमूर्त ध्वनियाँ व्यंजित की हैं। उनमें एक स्मृति बिम्ब तो बहुत रूढ़, बहुत गूढ़ है। वह अमूर्त ध्वनि, अमूर्त छवि तथा अमूर्त स्पर्श का मिला-जुला विद्युत बिम्ब है।

*'तुम विद्युत बन जाओ पाहुन मेरी पलकों पर पग धर-धर।'*
*'मेरी पलकों से भी नीरव है उनकी पद चाप।'*

*'सजनि, कौन तम में परिचित सा, सुधि सा, छाया सा आता।'*
*'आँखों में सपनों का अंजन प्रिय की आहट।'*
*'मेरे नीरव मानस में वे धीरे-धीरे आये।'* आदि।

पाहुन के चुपके-चुपके आने की आवृत्ति और चाक्षुष, ध्वनि तथा स्पर्श बिम्बों की यह प्रवृत्ति महादेवी जी के गीतों में बहुशः उजागर हुई है। इसे कभी रहस्यवाद के रूप में प्रस्तुत किया गया है और कभी मधुरोपासना एवं सूफ़ी साधना के सहारे।

महादेवी जी ने मातृत्व और ममत्व से भरे हुए कई गीत लिखे हैं। उनके मन में मनुष्य ही नहीं, पशु-पक्षियों के प्रति भी गहरी संवेदना रही है। 'मेरा परिवार', 'स्मृति की रेखाएँ' एवं 'अतीत के चलचित्र' के अनेक पात्रों पर उनकी करुणा की प्रायः वृष्टि होती रही है। अपने गीतों में उन्होंने कई स्थानों पर मातृत्व के दर्प का उद्घोष किया है। यहाँ शिशु मात्र के प्रति लाड़-प्यार बहुशः व्यक्त हुआ है। जैसे–

*'तू धूल भरा ही आया'*
*'दुलरा देना, बहला देना'*
*'यह तेरा जग शिशु है उदास।'*
*'अलि, मैं कण-कण को जान चली,*
*सबका क्रन्दन पहचान चली।'*

भारतीय नारी का एक 'फिनोमिना' है–शील, सौकुमार्य के बावजूद अनवरत साधना, सहिष्णुता, सेवा और सद्भावना। वे कहती हैं–

*'मोम सा तन घुल चुका है,*
*दीप सा मन जल चुका है।'*
*'शलभ मैं शापमय वर हूँ,*
*किसी का दीप निष्ठुर हूँ।'*

यहाँ 'दीपक' शमा-परवाना का अर्थ देता है। यों, महादेवी जी ने दीपक को इन गीतों में साधना का प्रतीक माना है–

*'मधुर-मधुर मेरे दीपक जल।'*
*'यह मन्दिर का दीप, इसे नीरव जलने दो।'*
*'दीप मेरे जल अचंचल।'*

'दीपशिखा' में अंकित आँचल की छाया तले दीपक को छिपाकर ले चलती हुई नायिका के चित्र इसी भाव के द्योतक हैं। इस रहस्य-साधना को उन्होंने अद्वैत दर्शन से जोड़ दिया है। वे तत्त्व-चिन्तन करती हुई यदा-कदा जो जिज्ञासा व्यक्त करती हैं, वह इसी जीवन-साधना का सूचक है, जैसे–

*'शून्य मन्दिर में बनूँगी आज मैं प्रतिमा तुम्हारी।'*
*'क्या अमरों का लोक मिलेगा तेरी करुणा का उपहार?'*
*'रहने दो हे देव, अरे! यह मेरा मिटने का अधिकार।'*
*'क्या पूजा क्या अर्चन रे।'*
*'सुरभि बन जो थपकियाँ देता मुझे स्वप्न के उच्छ्वास सा वह कौन है?'*

इस साधना का एक पक्ष है–सम्पूर्ण विसर्जन या विलयन। उनका नारी-मन त्याग-तपस्या का समर्थक रहा है। किसी स्तर पर वे स्वयं बौद्ध-भिक्षुणी बनने की इच्छुक थीं। वे पारम्परिक भारतीय नारी-मन के अनुरूप अपनी नारी-आकृतियों में सुदीर्घ नेत्र, नुकीली नासिका, लम्बे काले केश, पारदर्शी घूँघट, रसभरी चितवन आदि की छबियाँ उकेरती हैं। साथ ही गीतों में उसी भावना को टेरती रही हैं, जैसे–

*'विसर्जन ही है प्राणाधार।'*
*'चिन्ता क्या है रे निर्मम, बुझ जाये दीपक मेरा... ।'*
*'नहीं अब गाया जाता देव, थकी उँगली हैं, ढीले तार।*
*विश्व-वीणा में अपनी आज मिला लो यह अस्फुट झंकार।'*

उनकी एक अन्तर्वृत्ति है सौन्दर्य-श्रृंगार, अलंकरण एवं प्रसाधन। महादेवी जी ने अपनी कविताओं में जो नारी आकृतियाँ अंकित की हैं, उन्हें अनेकानेक अलंकरणों से लाद दिया है। इतना प्रसाधन हिन्दी का कोई और दूसरा कवि नहीं कर पाया है। चाहे प्रकृति का नारीकरण किया गया हो और चाहे कोई नारी प्रतिमा कल्पित की गयी हो, प्रायः सबको महादेवी जी ने बारहों आभूषणों से और सोलहों श्रृंगारों से सुसज्जित दिखाया है। जैसे–बसन्तरजनी को नायिका रूप में प्रस्तुत करती हुई वे 'तारकमय नव वेणी बन्धन', शीशफूल, वलय, नूपुर, किंकिणी, अंजन, महावर आदि की रूप-रचना करती हैं। 'रूपसि तेरा घन केश पाश' में वे प्रकृति के विभिन्न उपकरणों

को परिधान बना लेती हैं। उनकी ये नारियाँ कहीं वासक सज्जा के रूप में हैं और कहीं 'अभिसारिका' रूप में। यथा—

*'नव इन्द्रधनुष सा चीर महावर अंजन ले।*
*अलि गुंजित, मीलित, पंकज, नूपुर रुनझुन ले।'*
*'शशि के दर्पण में देख-देख मैंने सुलझाये तिमिर केश।'*
*'सजल अंक धर दर्पण सा सर, आज रही निशि दृग इन्दीवर।'*

कवयित्री ने पावस-प्रकृति का चित्रण 'रूपसि तेरा नर्तन सुन्दर' और बसन्तरजनी का चित्रण 'धीरे-धीरे उतर क्षितिज से आ बसन्त रजनी, गीत में किया है।

महादेवी जी के मन की एक अन्तःप्रकृति उनकी सामंजस्य-भावना तथा मंगलाशा में मुखरित हुई है। सबका समाहार करती हुई वे लिखती हैं—

*'जीवन सुख-दुःख का मधुर गान।'*
*'यह शूल फूल सा चिर नूतन पथ मेरी साँसों से निर्मित।'*
*'दुःख से आविल सुख से पंकिल।'*
*'न यह वरदान की वेला, न चन्दन फूल की वेला।'*
*'शीश पर चिर सघन घन है, चरण तल अंगार वन है।'*
*'आज ज्वाला से बरसता क्यों मधुर घनसार सुरभित।'*
*'हो गया है मिलन एकाकार मेरे विरह में मिल।'*
*'मैं लगाती चल रही नित मोतियों की हाट औ चिनगारियों का एक मेला।'*

प्रत्येक पंक्ति में कोई न कोई अन्तर्विरोध है और फिर उन व्यतिरेकों में सामंजस्य स्थापित करने का कोई न कोई उपक्रम भी है। महादेवी जी अतिवाद से अलग एक निर्बाध मध्य-मार्ग का आश्रय लेती हैं। उनकी यही आस्था रही है—

*'अग्नि पथ के पार चन्दन चाँदनी का देश।'*
*'सब आँखों के आँसू उजले, सबके सपनों में सत्य पला।'*

इसी शुभाशंसा से प्रेरित होकर उन्होंने नवजागरण की अलख जगायी है। उनके अनेक गीत जागृति का सन्देश देते हैं। जैसे—

*'जाग, तुझको दूर जाना।'*
*'जाग-जाग सुकेशिनी री!'*
*'अब शयन त्यागो सुधीवर, यामिनी बीती।'*

यह जागरण उनका मूल मन्त्र है।

स्पष्ट है कि महादेवी जी के अधिकांश गीत प्रायः उनकी सहृदयता, सदाशयता अर्थात् संवेदना से उपजे हैं। उनका अधिकांश लेखन छायावादी रहस्य बोध से प्रेरित है। नयी सदी की भारतीयता उनका प्रतिपाद्य रही, न अति आधुनिकता और न जड़ पुरातन पन्थी भाव। हिन्दी साहित्य के लिए सम्प्रति वह एक प्रादर्श है।

# छायावादी काव्य और गद्य की समरूपता

छायावादी कवियों ने बिम्ब-विधान, रूपक रचना और प्रतीक योजना में गद्य-पद्य का कोई भेद नहीं रखा है। प्रसाद के नाटकों में ऐसे कई संवाद रखे गये हैं, जो उनकी कविताओं से बहुत मिलते-जुलते दिखाई देते हैं। उदाहरणार्थ 'चन्द्रगुप्त' नाटक में सुवासिनी और कल्याणी के बीच हुए कथोपकथन में प्रेम, यौवन और सौन्दर्य का जो विवेचन किया गया है, वह 'कामायनी' के काम सर्ग के आरम्भिक दो छन्दों से बहुत मिलता-जुलता है–

''अकस्मात् जीवन कानन में राका रजनी की छाया में छिपकर मधुर वसन्त घुस आता है। शरीर की सब क्यारियाँ हरी-भरी हो उठती हैं। सौन्दर्य का कोकिल 'कौन' कहकर सबको रोकने-टोकने लगता है। फिर उसी में प्रेम का मुकुल लग जाता है।''

(चन्द्रगुप्त)

यहाँ प्रसाद जी ने जिस रूपक की रचना की है, उसमें जीवन है उपवन, राका रजनी है वयःसन्धि-वेला, वसन्त है यौवनागम, शरीर की क्यारियाँ हैं अंग-प्रत्यंग, कोकिल है सौन्दर्य और मुकुल है प्रेम। इन्हीं रूपकों को और प्रतीकों को छन्दोबद्ध करते हुए कामायनीकार ने लिखा है–

*'मधुमय वसन्त जीवन-वन के,*
*बह अन्तरिक्ष की लहरों में।*
*कब आये थे तुम चुपके से,*
*रजनी के पिछले पहरों में॥*

*क्या तुम्हें देखकर आते यों*
*मतवाली कोयल बोली थी।*
*उस नीरवता में अलसाई।*
*कलियों ने आँखें खोली थीं।'*

स्पष्ट है कि यहाँ कई मिलते-जुलते रूपक तथा प्रतीक प्रयुक्त हुए हैं। कविता में इसे छायावाद कहा जाता है तो गद्य में लिखे जाने के कारण उसे 'छायावादी गद्य' क्यों नहीं कहा जा सकता?

यह उल्लेखनीय है कि प्रसाद जी को वसन्त के विकास का रूपक बहुत प्रिय रहा है। इन्हीं प्रतीकों और बिम्बों को दुहराते हुए अपने कहानी संकलन 'इन्द्रजाल' में चित्रित 'बेला' नामक नायिका के रूप-सौन्दर्य का वर्णन करते हुए वे लिखते हैं–

"रजनी के बिखरे बालों से मोती बटोरने के लिए प्राची के प्रांगण में उषा आयी। उसके हृदयं में वसन्त का विकास था। उमंग में मलयानिल की गति थी। कण्ठ में वनस्थली की काकली थी। आँखों में कुसुमोत्सव था और प्रत्येक आन्दोलनों में परिमल का उद्‌गार था।"

यहाँ प्रसाद जी ने रात्रि और उषाकालीन प्रकृति का मानवीकरण किया है। बिखरे बालों के मोती हैं ओस बिन्दु, वसन्त के विकास का तात्पर्य है यौवन, मलयानिल की गति है पुलक-प्रीति और सिहरन, काकली है जीवन का उल्लास, कुसुमोत्सव है सम्मोहन और परिमल है प्रेम एवं आनन्द।

प्रसाद जी ने 'अजातशत्रु' नामक नाटक में उदयन का एक संवाद रखा है। वह कहता है–'मैं शरत्‌चन्द्र की कल्पना करता हुआ भावना की सीमा को लाँघ जाऊँ और तुम्हारा सुरभि निःश्वास मेरी कल्पना का आलिंगन करने लगे।' प्रसाद का यह कथन 'कामायनी' के चिन्ता सर्ग की इस पंक्ति के बहुत अनुरूप है–

*'सुरा-सुरभिमय वदन अरुण वे नयन भरे आलस अनुराग।'*

वस्तुतः बिम्ब-विधान, रूपक रचना और प्रतीक योजना गद्य-पद्य सबमें एक जैसी हो सकती है। गद्य में उसे सुविधापूर्वक लिखा जा सकता है, जबकि छन्दोबद्ध करते हुए पद्य में विवशतावश कुछ परिवर्तन भी करना पड़ सकता है।

प्रसाद जी ने नाटकीय-संवादों में सांगोपांग रूपकों की रचना बहुत की है। जैसे–

"अमृत के सरोवर में स्वर्ण कमल खिल रहा था। भ्रमर वंशी बजा रहा था" (स्कन्दगुप्त)। यहाँ अमृत का सरोवर है आकाश और स्वर्ण कमल है सूर्यमण्डल। ये दोनों प्रसाद जी के बड़े प्रिय बिम्ब हैं। वे अन्तरिक्ष के ज्योति-पिण्डों के चित्रण के लिए सदैव सतर्क दिखाई देते हैं। 'चन्द्रगुप्त' में चाणक्य द्वारा व्यक्त किये गये इस उद्‌गार में यही भाव प्रकट हुआ है–

"आनन्द समुद्र में शान्तिद्वीप का अधिवासी मैं, सूर्यचन्द्र नक्षत्र मेरे द्वीप थे। अनन्त आकाश वितान था। शस्य-श्यामला, कोमला, विश्वंभरा मेरी शैया थी।"

यहाँ समुद्र और आकाश दोनों के बिम्ब चित्रित किये गये हैं। प्रसाद जी हिमालय की ऊँचाई से प्रभावित रहे हैं और सागर की गहराई से भी। इनके प्रतीकार्थ उनके गद्य में चतुर्दिक बिखरे हुए हैं।

निराला के गद्य में भी संवाद अथवा वर्णन क्रम में अनेक कवित्वपूर्ण उद्‌गार प्रकट हुए हैं। 'अलका' नामक उपन्यास में नायिका का वर्णन करते हुए वे लिखते हैं–"जीवन का ऋतुराज तन्त्री को कुछ प्रथुलकर उसमें मधु सुरभि भरकर अपलक ज्योति से सजाकर दृष्टि से ओझल हो गया। विस्मृति की सलिल-सलील राशि में उठी भोली परी एकएक रूप में सामने खड़ी हो गयी।" परी का यह बिम्ब 'सरोज स्मृति' कविता में उस प्रसंग में आया है, जब कवि के समक्ष उसकी नवोढ़ा पुत्री सहसा उपस्थित हो जाती है। निराला लिखते हैं–

*'तू परी चपल,...आयी पुतली तू खिल-खिल।'*

निराला जी ने परियों, किन्नरियों, दिक्कुमारियों का वर्णन करते हुए वसन्त की परी, हेमन्त की परी, स्वर्ग की परी, किरण की परी, हूर की परी आदि बिम्बों का बहुशः प्रयोग किया है।

निराला जी ने अपनी नायिका के "उज्ज्वल सौन्दर्य के लावण्य भार" (निरुपमा) का जो उल्लेख किया है, उसी की आवृत्ति 'आयी लावण्य भार थर-थर' (सरोज स्मृति) में दिखाई देती है। पन्त जी 'ज्योत्स्ना' नाटिका में कहते हैं कि यह रूप रंग रेखा का संसार मुझे सबसे प्रिय है। इसी बात को वे कविता की इन पंक्तियों में दुहराते हैं–

*'मुझे रूप ही भाता।'*
*'मुझे लुभाता रूप रंग रेखा का यह संसार।'*

उन्होंने 'ज्योत्स्ना' नाटिका में छाया का जो मानवीकरण किया है, वह इन पंक्तियों से अभिन्न दिखाई देता है–

*'बातहता विच्छिन्न लता सी'*
*'धूल धूसरित मुक्त कुन्तला।'*

'ज्योत्स्ना' में चाँदनी का जो वर्णन किया गया है, वह उनकी 'चाँदनी' नामक कविता से बहुत मिलता-जुलता है। 'ज्योत्स्ना' का शृंगार उन्होंने 'गलित मोतियों की लड़ियों' से किया है। गलित मोती की यह कल्पना अतिमा (पृष्ठ 110) और स्वर्ण किरण (पृष्ठ 128) में भी द्रष्टव्य है।

प्रसाद जी ने 'चन्द्रगुप्त' में तारों से भरी हुई रजनी के नीलाकाश को कई कविताओं में दोहराया है। 'अजातशत्रु' में सनक्षत्र आकाश को देखकर वे जो कल्पना करते हैं–

"जैसे काई विराट गणितज्ञ निभृत में रेखागणित की समस्या सिद्ध करने के लिए बिन्दु दे रहा है।"

यही कल्पना कामायनी में 'हे अनन्त की गणना' पंक्ति में द्रष्टव्य है। नारी का वर्णन करते हुए उन्होंने कई स्थानों पर उसे 'ज्योत्स्ना निर्झर' कहा है। 'अजातशत्रु' में उनकी श्यामा कहती है–"फूल की तरह आयी हूँ, परिमल की तरह चली जाऊँगी।" इसी कथन को आँसू में कवि इस तरह कह रहा है–

*'खेलूँगा धूलकणों से*
*सौरभ बन उड़ जाऊँगा।'*

'स्कन्दगुप्त' नाटक में उनका नायक स्कन्द 'बौद्धों' का निर्वाण, योगियों की समाधि और सम्पूर्ण विस्मृति की कामना करता है। यही भाव 'कामायनी' के मनु के इस 'कथन' में भरा हुआ है–

*'विस्मृति आ, अवसाद घेर ले,*
*नीरवते, बस चुप कर दे।'*

'अजातशत्रु' में बिम्बसार के मुँह से उन्होंने कहलाया है–"यदि मैं सम्राट न होकर किसी विनम्र लता के किसलयों के झुरमुट में अधखिला फूल होता और पवन की किसी लहर को सुरभित करके धीरे से उस थाले में चू पड़ता...'

यही उक्ति 'आँसू' के इस छन्द में प्रकट हुई है–

*'यदि दो घड़ियों का जीवन कोमल वृन्तों में बीते।*
*कुछ हानि तुम्हारी है क्या, चुपचाप चू पड़े जीते।'*

एक जगह बिम्बसार कहता है—"यह नीला परदा इसका रहस्य छिपाये है।" यही बात पुनः 'कामायनी' में कही गयी है—

*'एक परदा यह झीना नील,*
*छिपाये है जिसमें सुखगात।'*

'चन्द्रगुप्त' में दाण्ड्यायन के द्वारा भूमा की महत्ता का जो उद्घोष किया गया है, वही श्रद्धा के शब्दों में 'भूमा का मधुमयदान' (कामायनी) में व्यक्त हुआ है। 'तितली' नामक उपन्यास में प्रसाद जी ने तितली की लम्बी छरहरी देहलता, काली उनींदी आँखों, गोरी पतली उँगलियों, उन्नत ललाट, खिंची हुई भौंहों और पतले अधरों वाले मुख का जो वर्णन किया है, वह 'कामायनी' की इड़ा के मुखवर्णन से बहुत मिलता-जुलता है।

प्रसाद जी ने इसी प्रकार के मिलते-जुलते कई उद्गार प्रकट किये हैं। यथा—चन्द्रगुप्त में सिंहरण कहता है—"शीघ्र ही अनेक वर्णों के मेघ रंग भरेंगे।" यही कामायनी में कहा गया है—"यह क्या तुम देख रहे वर्णों के मेघाडम्बर में।" 'कंकाल' में उद्दीपन का वर्णन करते हुए प्रसाद जी लिखते हैं—"मधुपों की टोलियाँ लड़खड़ा रही थीं।" कामायनी में यही बात इस प्रकार कही गयी है—"उन्निद्र कमल कानन में होती थी मधुपों की नोक-झोंक।" 'कंकाल' की नायिका का वर्णन करते हुए प्रसाद जी लिखते हैं—"कामना तरंगिणी में छोटी-छोटी लहरियाँ उठ रही थीं।" 'आँसू' में उनकी एक उक्ति है—"कामना तरंगिणि मेरी लेती क्यों मृदुल हिलोरें।" 'स्कन्दगुप्त' में मालिनी का स्मरण करता हुआ मातृगुप्त कहता है—"मेरे भिखारी संसार पर तुमने ऐसा स्वर्ण बिखेर दिया था, जिसें निर्मम संसार लूटता रहा।" यही भाव 'कामायनी' में व्यक्त हुआ है। सन्ध्या का वर्णन करता हुआ कवि कहता है—"देख अकिंचन जगत लूटता तेरी छवि भोली भाली।"

तात्पर्य यह है कि छायावादी कवियों का प्रकृति वर्णन, नर-नारी सौन्दर्य चित्रण और जीवन-जगत का चिन्तन गद्य और पद्य कृतियों में प्रायः समानुरूप है। ये उत्प्रेक्षाएँ, बिम्ब-विधान, रूपक रचना और प्रतीक-योजना छायावादी काव्य के मुख्य उपादान हैं, अतः इनसे ओत-प्रोत उनके गद्य को 'छायावादी गद्य' कहा जाना तर्क संगत होगा।

# समाहार

सम्प्रति प्रगति-प्रयोग-नयी कविता संज्ञक विभिन्न काव्यधाराओं के बीच से गुजरते हुए अब छायावाद को सही परिप्रेक्ष्य में समझने का नया प्रयास शुरू हुआ है।

वाद निरपेक्ष समीक्षकों की दृष्टि में सम्प्रति छायावाद–

1. मानवतावादी काव्य है।
2. इसमें राष्ट्रीय चेतना भी है और विश्वबोध भी।
3. यह आत्मानुभूति को विशेष प्रश्रय देता है।
4. इसमें जड़ सामूहिकता के विरुद्ध स्वच्छन्दतावाद के स्वर सुनाई देते हैं।
5. यह काव्य जीवन-जगत के गूढ़-गहन रहस्यों से भी प्रेरित है।
6. इसमें प्रगाढ़ रागात्मक बोध स्फुरित हुआ है।
7. नारी के प्रति उदार दृष्टिकोण छायावादियों ने प्रथमतः व्यक्त किया है।
8. यह उदात्त चेतना का काव्य है।
9. छायावाद मुक्त क्षणों की वाणी है। इसमें प्रबन्ध विधान की जगह गीति तत्त्व को अधिक महत्त्व दिया गया है।
10. मानवीकरण, विशेषण-विपर्यय, रूपक-रचना, उपमान योजना, वाग्वैदग्ध्य, लक्षणा-व्यंजना आदि इसके मुख्य उपकरण हैं।
11. इसमें काव्योपम भाषा का भरसक व्यवहार किया गया है। पद्य के साथ-साथ इसकी परिणति गद्य में भी दिखाई देती है।
12. काव्य और कला की दृष्टि से विगत सौ वर्षों का यह हिन्दी का सर्वाधिक गौरव-प्रतीक काव्य है। इत्यलम्।

❑❑